Kurt Arnold Findeisen

Der Goldschmied
Johann Melchior Dinglinger

www.bvd.de

Bibliografische Information der Deutschen Bibliothek
Die Deutsche Bibliothek verzeichnet diese Publikation in der
Deutschen Nationalbibliografie; detaillierte bibliografische Daten sind im
Internet über http://dnb.ddb.de abrufbar.

© 2014 by Biberacher Verlagsdruckerei GmbH & Co. KG

Verlag:
Biberacher Verlagsdruckerei GmbH & Co. KG,
88400 Biberach, Leipzigstraße 26

Druck:
HÖHN GmbH
89079 Ulm, Hohnerstraße 6–8

Alle Rechte einschließlich der Vervielfältigung, Verbreitung
in Film, Funk und Fernsehen, Speicherung in elektronischen
Medien sowie Nachdruck, auch auszugsweise, vorbehalten.
Printed in Germany

1. Auflage · ISBN 978-3-943391-56-5

Kurt Arnold Findeisen

Der Goldschmied Johann Melchior Dinglinger und sein Glück

Der Stadt Biberach,
Dinglingers Vaterstadt,
zugeeignet

INHALT

Biberach und Dresden   6

Das Glück von Biberach   9

Vorwort   10

Kurt Arnold Findeisen:
Der größte deutsche Goldschmied der Barockzeit.
Vortrag über Johann Melchior Dinglinger für die
700-Jahrfeier seiner Vaterstadt Biberach an der Riß,
gehalten am 9. September 1950.   13

Dinglinger und sein Glück:
Kleine Chronik einer überschwenglichen Zeit   40

BIBERACH UND DRESDEN

Die junge Biberacherin Johanna Mayer ist ein umtriebiges und tüchtiges Mädchen. Sie hilft für ihr Leben gern in der Holzhandlung und Schreinerei ihres Vaters; zeitweise steht sie selbst an der Drehbank, um aus Holz schöne Dinge zu drechseln. Die Mutter und die beiden Schwestern beäugen das Kind voller Eifersucht und Argwohn. Und weil sich die junge Frau alsbald nicht mehr wohl fühlt im Elternhaus, meldet sie sich 1914, als der Erste Weltkrieg ausbricht, als Freiwillige und landet schließlich als Schreibkraft beim Deutschen Heer irgendwo in Frankreich. Dort lernt sie den Soldaten Kurt Arnold Findeisen aus Dresden kennen, mit dem sich „eine kleine Schwärmerei anbahnt", wie Marianne Sikora-Schoeck, die Tochter von Johanna Mayer, es heute im Rückblick ausdrückt. Die Freundschaft zwischen Findeisen und Johanna Mayer überdauert die Jahrzehnte; beide schreiben sich immer wieder. Als am 13. Februar 1945 die Stadt Dresden zu Schutt und Asche bombardiert wird, erinnert sich der Dresdner Findeisen an seine Bekannte aus Biberach. Findeisen, der inzwischen ein in seiner Gegend wohlbekannter Schriftsteller ist, nimmt die Einladung nach Oberschwaben an und quartiert sich mit seiner Frau (inzwischen ist er verheiratet) und seinem Sohn im Haus Weingartenbergstraße 17 in Biberach ein, im Schlepptau noch weitere Autoren des Dresdner Köhler-Verlags und auch dessen Geschäftsführer, Herrn Kasch mit Tochter. Etwa ein Jahr lebt die Familie im Oberschwäbischen und in dieser Zeit macht Kurt Arnold Findeisen eine wunderbare Entdeckung: eine ganz besondere Beziehung zwischen Dresden und Biberach. Der Hofjuwelier von August dem Starken, Johann Melchior Dinglinger, stammt nämlich aus dieser kleinen Stadt. Welch herrliche Geschichte, die sich plötzlich auftut. Findeisen recherchiert und als er wieder zurück ist in seiner Heimatstadt Dresden, schreibt er auf, was er gefunden hat.

100 Jahre nach dem Beginn dieser ungewöhnlichen Freundschaft (1914–2014) und zum 350. Geburtstag Johann Melchior Dinglingers, der am 26. Dezember 1664 in der freien Reichsstadt Biberach geboren wurde, wollen wir diese liebevolle Biografie Findeisens über den berühmten Goldschmied, die die Biberacher Verlagsdruckerei 1951 erstmals verlegt hat, wieder zugänglich machen.

Das Büchlein ist eine Gemeinschaftsarbeit der Biberacher Verlagsdruckerei und der Druckerei Höhn. Wie es der Zufall will, wohnen Hildegard Diederich, die Verlegerin der Biberacher Verlagsdruckerei, und Peter Haug, der Seniorchef der Höhn GmbH, in Biberach in der Dinglingerstaße.

Den Anstoß zu dieser Neuauflage gab Marianne Sikora-Schoeck, Biberacherin mit Herz und Seele und viele Jahre Leiterin der hiesigen Volkshochschule.

Biberach im September 2014   Achim Zepp

DAS GLÜCK VON BIBERACH

Es liegt im Schwabenland ein Städtlein ehrenfest
mit Turm und Mauerkranz, da hat das Glück ein Nest.
Man kennt es meilenweit und preist es tausendfach,
man nennt es nah und fern das Glück von Biberach

Wo sich die Gasse krümmt noch wie in alter Zeit,
wo sich voll Bürgerstolz Giebel an Giebel reiht
und wo des Brunnenstrahls Geplätscher nachts noch wach,
da fühlt sich froh zu Haus das Glück von Biberach.

Wie hat der Frühling lieb Mauer und Bank davor!
Wie tritt der Sommer gern in das gewölbte Tor!
Wie blüht der Herbst so reich ums rote Kirchendach!
Wie deckt der Winter weich das Glück von Biberach

Sehnsüchtig schweift der Blick, wo fern der Firn sich dehnt,
So hab ich lebenslang kindlich mich heimgesehnt;
und wird mein Blick einst trüb und wird mein Schritt einst schwach,
will ich geborgen sein im Glück von Biberach.

          Kurt Arnold Findeisen

VORWORT

In diesem Buch ist ein Lebens- und Zeitbild entworfen, ein Lebensbild, das den größten Goldschmied des deutschen Barockzeitalters, Johann Melchior Dinglinger, ein Sohn der Stadt Biberach an der Riß, in die Erinnerung der Gegenwart zurückruft, hat er doch durch seine erstaunlichen Werke, die die beträchtlichsten Kunstwerke des Dresdner Grünen Gewölbes darstellten, Weltruhm erlangt. Dieser Teil des Buches, eine biographische Skizze, zeichnet zuerst die äußeren Beziehungen Dinglingers und seiner Brüder zu Süd- und Westdeutschland, erzählt kurz die eigenartigen Lebensverhältnisse der kinderreichen Familien Dinglinger in Dresden, bringt ein lebendiges Zeitgemälde und entwickelt daraus die Künstlerpersönlichkeit des Goldschmieds Augusts des Starken.
Im weiteren Teil werden die hervorragenden Kunstwerke der Edelmetallkunst, der weltberühmte „Hofhalt des Großen Mogul", die „Schale des Herkules", das „Bad der Diana", usw. beschrieben, so daß ein farbenreicher und funkelnder Querschnitt durch eine Kunstepoche entsteht, die Dinglinger mitbestimmt hat. Und zum Schluß repräsentiert sich dieser verantwortungsvolle edle Handwerker mitsamt seinen Brüdern, aus der gesunden Kraft des schwäbischen Volksstamms entsprossen, als der Gegenpol des allzu glänzenden, verschwenderischen, überschwänglichen höfischen Treibens. Die Erinnerung an eine so starke und reine Persönlichkeit wie Dinglinger bedeutet einen Gewinn für unsere Tage.

Findeisens poetische Gestaltungskraft blieb nicht bei der einfachen Deutung stehen, die er in der historischen Gestalt des großen Goldschmieds Dinglinger fand, deshalb bringt der zweite Teil des Buches die Novelle „Dinglinger und sein Glück", die kleine Chronik einer „überschwänglichen Zeit". Die Novelle hat den Meister der handwerklichen Gestaltungskraft am Hofe des glänzenden Augustus zum Mittelpunkt und im Verlaufe dieser Erzählung erwacht die unvergeßliche barocke Stadt Dresden noch einmal zu geheimnisvollem Leben in ihrer strahlendsten Epoche.

Und mit Dinglinger, dem Schöpfer des heute leider verschwundenen Grünen Gewölbes, begegnen wir seinen Zeitgenossen, August dem Starken selber, dem maßlosen deutschen Barockfürsten, den aufgeputzten und aufgepuderten Mätressen, der Königsmark, der Lubomirska und Cosel, dann Pöppelmann, dem feinsinnigen Baumeister des Zwinger, Permoser, dem genialen Bildhauer, und auch Böttger, dem glücklich-unglücklichen Erfinder des Meißner Porzellans. Der Rausch der tollen Feste zieht in der lebhaften Sprache an uns vorüber, die Maskeraden, Tierhetzen, Schlittenfahrten, Feuerwerke und Wasserschlachten, kurz gesagt, die ganze Überlust des Hofes des Sachsen- und Polenkönigs wird lebendig.

Und wir dürfen die schöpferischen Stunden eines genialen Meisters miterleben und erfahren zugleich diese wie in einem geisterhaften Karussell kreisende Sinnenwelt der Residenzstadt Dresden, in die auch dunkle Schatten durch Augusts abenteuerliche Politik fallen. Aus all dem geschilderten Trubel erwächst die Erkenntnis, daß nur die wertvolle Arbeit, die ernste und unbeirrbare, den Dingen den letzten Sinn verleiht, hier verkörpert in der Gestalt des Goldschmieds und Hofjuweliers Johann Melchior Dinglinger, der aus dem Schwabenlande stammte.

Biberacher Verlagsdruckerei 1951

Kurt Arnold Findeisen

DER GRÖSSTE DEUTSCHE GOLDSCHMIED
DER BAROCKZEIT

Vortrag über Johann Melchior Dinglinger für die
700-Jahrfeier seiner Vaterstadt Biberach an der Riß,
gehalten am 9. September 1950

Keine Zeit ist wie die unsrige geeignet, uns vor Augen zu führen, wie Weltanschauungen, vermeintlich unumstößliche Wahrheiten und allgemein anerkannte Wertbegriffe sich wandeln können. Wenn die „Umwertung aller Werte" jemals zu einem Prozeß geworden ist, der ganze Völker, ja ganze Erdteile ergriffen hat, so geschieht das vor unseren Augen. Daß sich eine solche Umwälzung, Umschmelzung, Umformung des Urteils und der Gesinnung nicht zuletzt auch auf dem Gebiete der Kunst vollziehen muß, leuchtet jedem ein.

Wenn dieses kleine Buch trotzdem dem Gedächtnis Johann Melchior Dinglingers gewidmet werden soll, dem Gedächtnis eines Künstlers, der durchaus der Vergangenheit angehört, so wird das seine guten Gründe haben. Als Hauptgrund mag gelten, daß Johann Melchior Dinglinger ein Sohn der alten, schönen Stadt Biberach, der ehemaligen freien Reichsstadt ist, die als Wiege außergewöhnlicher künstlerischer Begabungen mancher anderen größeren deutschen Stadt den Rang abläuft und die bei Gelegenheit ihrer 700-Jahrfeier im September des Jahres 1950 es sich nicht nehmen lassen wollte, mit besonderem Stolz und besonderer Genugtuung auf diejenigen ihrer Söhne zurückzublicken, die im Leben der gesamten Nation eine Bedeutung erlangt haben. Wenn das auf dem literarischen Schauplatz bei dem Dichter Christoph Martin Wieland zutrifft, so ist das auf dem Gebiet der bildenden Kunst und des Kunsthandwerks bei Johann Melchior Dinglinger in demselben Maße der Fall. Dieser außergewöhnliche Sohn der Stadt Biberach kann auf den Ehrentitel des größten Goldschmieds des deutschen Barockzeitalters Anspruch erheben. Da die beträchtlichsten seiner Werke im Grünen Gewölbe zu Dresden, der weltberühmten Kunstkammer (der in Deutschland bekanntlich keine Sammlung dieser Art gleichkam) zu den Hauptsehenswürdigkeiten zählten, gewann er nach und nach Weltruf. Erst seitdem die Wunder des Grünen Gewölbes verschwunden sind, müssen wir uns, um unbezahlbare Dokumente höchster Kunst ärmer, mit der Erinnerung an die Einmaligkeit dieser künstlerischen Persönlichkeit trösten.

Während das Haus, in dem Dinglinger zu Dresden sein arbeits- und erfolgreiches Leben beschloß, seit der totalen Vernichtung der Dresdner Innenstadt in Schutt und Asche liegt, steht in Biberach noch das alte Giebelhaus, drin er am 26. Dezember 1664 das Licht der Welt erblickte. Es ist das Haus, das sein ältester bekannter Ahn, der Messerschmied Hans Dinglinger, der im letzten Viertel des 16. Jahrhunderts von Tuttlingen nach Biberach eingewandert war, in der Nähe des Bürgerturms erworben hatte. Hansens dritter Sohn Konrad, ebenfalls Messerschmied, heiratete 1662 Anna Maria Schopper, die Tochter eines Goldschmiedemeisters und Mitglieds des Großen Rates zu Biberach, die ihm drei Söhne schenkte: 1664 den Johann Melchior, 1666 den Georg Friedrich, 1668 den Georg Christoph.

Interessant ist, zu sehen, wie sich im Großvater und Vater bereits das Handwerk andeutet, das der älteste der drei Söhne zu Weltruf bringen sollte, das aber

Erinnerungstafel am Geburtshaus von J. M. Dinglinger in Biberach.

auch von den beiden anderen Söhnen in hervorragender Weise kultiviert wurde. Denn, um das schon immer vorwegzunehmen, die beiden Brüder sind später in Johann Melchiors großen Dresdner Jahren seine engsten Mitarbeiter geworden, Mitarbeiter von solcher Qualität, daß sie nach ihrem Ableben nur schwer durch Johann Melchiors ältesten Sohn Johann Friedrich ersetzt werden konnten.

Ihre erste Ausbildung mögen die drei Brüder von Vater und Großvater und anderen einheimischen Meistern erhalten haben, stand doch in Biberach am Ende des 17. und am Anfang des 18. Jahrhunderts die Goldschmiedekunst fast ebenso hoch in Blüte wie in Augsburg und Nürnberg, wo Johann Melchior, nachdem er flügge geworden war, bei angesehenen Meistern in die Lehre ging. Daß er in Paris bei Aved, einem derzeitigen Großmeister seines Fachs, gearbeitet habe, beruht auf Vermutungen. Bereits 1693, also 29-jährig, taucht er in Dresden, der Residenz der sächsischen Kurfürsten, nachweisbar auf, denn in diesem Jahr wurde er in die Innung der Dresdner Goldschmiede aufgenommen. Er hat diese Stadt, die zu seiner zweiten Heimat werden sollte, bis zu seinem 1731 erfolgten Tode nur noch vorübergehend auf kurzen Reisen verlassen, sodaß von den 67 Jahren seines Lebens 38, also mehr als die Hälfte, dem Dresdner Kulturkreis zuzurechnen sind. Bereits 1698 wurde er von August dem Starken, der inzwischen König von Polen geworden war, in einem aus Warschau datierten Dekret zum Hofjuwelier ernannt, wo es ausdrücklich heißt „um seiner Uns bis daher geleisteten untertänigsten treuen Aufwartung, auch gelieferten fleißigen Arbeit willen".

Die erste nachweisbare Arbeit, die er dem Dresdner Hofe lieferte, ist ein Anhänger zum englischen Hosenbandorden gewesen, den er für Augusts Vorgänger, den Kurfürsten Johann Georg IV. schuf, ein kleiner, goldener Ritter St. Georg zu Pferde. Ehe ich nun versuche, diejenigen Werke, die Dinglingers Weltruhm begründeten, zu schildern, soweit das mit nüchternen Worten möglich ist, will ich ein wenig Licht auf die äußeren Kennzeichen seiner Person und die bemerkenswertesten Ereignisse seines Lebens fallen lassen.

  Wir müssen uns den Ersten Goldschmied Seiner kurfürstlich sächsischen und königlich polnischen Majestät auf Grund der vorhandenen Zeugnisse als einen außergewöhnlich groß und schulterbreit gewachsenen Mann vorstellen, der mit seinem pompösen Herrn, der den Zunamen „der Starke" nicht zu Unrecht führte, eine nicht unbeträchtliche Ähnlichkeit hatte. Zum mindesten hatte er die Gestalt und die großen Züge des bartlosen Gesichts, hier besonders eine starke Nase und eine markante Querfalte über dieser Nase mit dem König gemein. Auf allen vorhandenen Porträts Dinglingers verbürgt eine breite, schön gewölbte Stirn und ein tiefgründig gesammelter Blick die Geistigkeit des Dargestellten, während ein genießerisch geschweifter Mund mit vollen Lippen und ein bei der ausgesprochenen Fleischlichkeit der ganzen Figur nicht verwunderliches respektables Doppelkinn darauf hinweisen, daß der Dargestellte den materiellen Freuden dieser Welt auch nicht abgeneigt war. Denkt man sich ein solches Gesicht noch eingefaßt von den wallenden Locken einer Allongeperücke oder bedeckt mit einer ungeheuren polnischen Pelzmütze (wie auf dem berühmtesten, vom Berliner Hofmaler Antoine Pesne stammenden Gemälde), so ist sofort der Eindruck einer ganz besonders charakteristischen Barockgestalt vorhanden.

  Dieser ansehnliche Hofkünstler, auf den der besondere Glanz der allerhöchsten Gunst fiel, hatte es verhältnismäßig leicht, gesellschaftlich und wirtschaftlich seine Stellung zu befestigen. Zunächst heiratete er wohl durchdacht, nämlich die Tochter eines vermögenden Dresdner Juweliers und übernahm mit dieser das vierstöckige Haus des Schwiegervaters, das er sich höchst eigenwillig ausbaute. Schon nach kurzer

Zeit war dieses Haus für die Dresdner Mitbürger mit dem Nimbus einer gewissen Außergewöhnlichkeit umgeben, schon nach wenigen Jahren zählten es die Lokalschriftsteller sowie die Reisebeschreiber der Zeit zu den Sehenswürdigkeiten der Residenz, hatte es doch als einziges in der Stadt ein Dach in italienischer Manier und war dieses flache Dach doch mit allen möglichen Kuriositäten ausgestattet.

Da war eine Art Sternwarte mit einem Fernrohr, da war eine Feuerspritze, die auch wirklich funktionierte, da waren wassergefüllte Cisternen und steinerne Bekken mit allerlei mythologischen Figuren, welche hoch oben wirklich Wasser spien (durch ein Pumpwerk vom Hofbrunnen aus gespeist), da war eine metallene Wettermaschine, die nicht nur oben im Freien ihrer Bestimmung nachkam, sondern infolge einer witzigen Mechanik ein Stockwerk tiefer an der Decke eines Zimmers, an die eine Windrose gemalt war, Wind und Wetter anzeigte. In diesem bemerkenswerten Hause, das bald kein Fremder von Stand zu besuchen versäumte, entfaltete sich nun das Dinglingersche Familienleben, (im Gegensatz zu dem zeitbedingten sittenlosen Treiben des Hofes) in biederbürgerlicher Tugendhaftigkeit, aber doch auch mit der kraftstrotzenden Überschwänglichkeit und der verschwenderischen Fülle des Barock behaftet.

Nicht weniger als fünfmal zog eine Frau Dinglingerin festlich in dieses Haus ein, nicht weniger als 25 Kinder wurden dem Herrn Hofjuwelier in diesem Hause geboren. Der ersten Gattin, die nach etwa zehnjähriger Ehe starb, folgten noch vier, von denen die beiden letzten vielleicht am meisten interessieren. Im Alter von 57 Jahren holte sich Dinglinger seine vierte Frau nirgendwo anders als in seiner Vaterstadt Biberach (die zweite und die dritte Frau sind allem Anschein nach wie die erste Dresdnerinnen gewesen); es war die Jungfrau Maria Susanna Gutermann, die 25-jährige Tochter des Goldarbeiters Georg Fried-

Dinglingers vierte und seine fünfte Frau: Maria Susanna, geborene Gutermann aus Biberach, und Marie Sibylle, geborene Biermann.

rich Gutermann, wahrscheinlich eine Verwandte der ersten bereits verstorbenen Frau seines Bruders Georg Friedrich, die im Dinglinger-Sonderdruck des „Deutschen Geschlechterbuches" als Tochter des Biberacher „Zuckerbäckers Johann Jakob Guthermann" angegeben wird. Als auch Frau Maria Susanna nach fünfjähriger Ehe gestorben war, wählte sich Dinglinger nochmals eine Lebensgefährtin aus Süddeutschland, diesmal eine Augsburgerin, Marie Sibylle Biermann, die Tochter eines Apothekers. Sie starb schon nach einjähriger Ehe offenbar als Opfer ihres ersten Wochenbettes; auch das letzte Kind, das dem großen Goldschmied durch sie geboren wurde, ein kleiner Sohn, starb nach zehn Tagen. Als Dinglinger selbst, zwei Jahre später, die Augen für immer schloß, hatte er fünf Frauen und 14 Kinder (6 Söhne und 8 Töchter) überlebt. 5 Söhne und 6 Töchter trauerten an seiner Bahre. Daß Kinderreichtum in der damaligen Zeit an der Tagesordnung war, bestätigt ein Blick auf das Familienleben von Dinglingers beiden Brüdern, die er, wie ich bereits berichtete, als Mitarbeiter nach Dresden gerufen hatte, wo sie schnell auf sein Betreiben ebenfalls als Hofjuweliere angestellt und festbesoldet worden waren.

Als der ältere von beiden, Georg Friedrich, aus Biberach nach Dresden übersiedelte, brachte er bereits 6 Kinder mit; zu denen wurden ihm in Dresden noch 12 hinzugeschenkt. Seine zweite Frau (die erste hatte, wie erwähnt, Gutermann geheißen) holte er sich ebenfalls aus seiner Vaterstadt, eine Tochter des spitalischen Syndikus, Spitalpflegers und Schulherrn Martin Wieland, namens Maria Felicitas. Sie gebar ihm zu den vorhandenen 18 Kindern noch vier. Der zweite Bruder Johann Melchiors, Georg Christoph, wurde, als er nach der sächsischen Residenz übersiedelte, von seiner Ehefrau Marie Katharine Schopper, Tochter des Biberacher Barbiers, Chirurgen und Wundarztes Johann Schopper (vielleicht wieder eines Verwandten seiner und Johann Melchiors Mutter) und acht Kindern begleitet. Auch die auffallend zahlreiche Kinder-und Wöchnerinnensterblichkeit war zeitgebunden; ihr gegenüber scheinen die Menschen von damals einen gewissen Stoizismus, eine fatalistische Gelassenheit oder eine resignierte Gottergebenheit ausgebildet zu haben. Immerhin stellte die Familie Dinglinger zu Dresden eine Zeitlang (im Durchschnitt) eine Sippe von mehr als einem halben Hundert Köpfen dar, also eine kleine schwäbische Kolonie in der fremden Residenz.

Die barocke Fülle und Kraft, von der ich sprach, drückte sich ebenso in den Lebensformen aus, die für Johann Melchior Dinglinger bezeichnend waren. Er verdiente soviel, daß bei seinem Tode sein Nachlaß einen Gesamtwert von 123663 Talern darstellte. Sein Haushalt wurde in einem so großen Stile geführt, daß er im Jahre 1712 es sich leisten konnte, den Großzaren Peter von Rußland mit Hofstaat acht Tage lang zu beherbergen. Der bekanntlich sehr launenhafte Gebieter aller Reußen, dem die Geschichte später den Titel „der Große" gegeben hat, hatte sich, aus dem böhmischen Karlsbad kommend, angesichts der sächsischen Residenz plötzlich entschlossen, einmal nicht als Gast des Königs da zu verweilen, sondern kurzerhand bei dem berühmten Ersten Königlichen Goldschmied einzufallen, weil er dessen sehenswertes Haus aus nächster Nähe kennen lernen wollte. Daß er an dem Dachgarten mit seinen verschiedenen „Künsten" besonderen Anteil nahm, kann man sich denken. Die Feuerspritze und die Wasserhebemaschine soll er höchst eigenhändig bedient haben; von dem ganzen Gebäude ließ er auf der Stelle ein Modell anfertigen und nach Rußland schicken.

Man muß sich Dinglinger, um noch ein Wort von seiner Lebenshaltung zu sagen, selbstverständlich im Besitz von Pferd und Wagen, umgeben von einer zahlreichen Dienerschaft, vorstellen; in seiner Werkstatt war neben seinen Brüdern und später seinem ältesten Sohn stets mehr als ein Dutzend Gehilfen tätig. Im Alter erwarb er in Loschwitz bei Dresden einen Weinberg, den er selbst bewirtschaftete und wo er sofort die vielbewunderte ober- und unterschlächtige Windfahne anbringen ließ. Einer seiner Brüder hatte ebenfalls ein Landgut erworben, woraus zu schließen ist, daß auch die Brüder kein ärmliches Leben führten.

Johann Melchior Dinglingers Todesursache ist offenbar ein Herz- oder Gehirnschlag gewesen. Wenn man sich seinen unbändigen Tätigkeitsdrang vorstellt, ist leicht zu glauben, daß der Tod ihn mitten aus der Arbeit herausgerissen hat. Man kann sich diesen kraftstrotzenden Barockmenschen einfach nicht von längerem Siechtum behaftet denken. Da die bis jetzt zur Verfügung stehenden biographischen Quellen sehr dünn fließen, müssen wir uns hier in mancher Hinsicht mit Vermutungen und vergleichenden Schlußfolgerungen begnügen.

Über sein Begräbnis am 10. März 1731 aber wissen wir auf Grund zeitgenössischer Berichte ziemlich genau Bescheid. Der Rat der Stadt Dresden war sich bewußt, daß ein außergewöhnlicher Bürger aus dem Leben geschieden war, darum billigte er dem Toten zu, was sonst nur als Vorrecht des Adels und höherer Militärpersonen galt: Sein Körper wurde in weißem Atlas zwischen zwölf Leuchtertischen aufgebahrt und abends mit vierzehn Karossen zur Gruft gefahren. In dem Nachruf einer damals vielgelesenen Dresdner Wochenschrift wird von dem Toten als von einem „Pan aller Künstler Europas" geredet, „der seinesgleichen nicht gehabt, den Kaiser und Könige geehrt, Fürsten geliebt, das Land gepriesen, die Stadt bewundert", er sei als eine „Zier unserer Zeiten, ein Wunder der Nachwelt anzusprechen". (Curiosa Saxonica vom 13. März 1731).

Wenn nun zu seinen Werken einiges gesagt werden soll, so erscheint es angebracht, zuvor die Umwelt, aus der sie herauswuchsen, kurz zu umreißen und die Schaffensgesetze, denen sie unterlagen, mit einigen flüchtigen Strichen anzudeuten. Gab sich der bürgerliche Haushalt, in den wir einen Blick warfen, schon reich bemittelt, weitausladend, schmuckfroh, mit einem Worte „barock" genug, so trieb die Art, wie Dinglingers Gönner und Landesfürst in seinen Regierungsformen, in seinem Privatleben, in seiner Hofhaltung sich mit den Lebenskomponenten der Zeit auseinandersetzte, den Begriff „barock" geradezu auf die Spitze. Der 1670 geborene Augustus wurde in verhältnismäßig jungem Alter (24-jährig) Kurfürst auf einem Thron, der damals im politischen Leben des Reiches eine erste Rolle spielte. Durch den neuen Herrn, der sich schon nach wenig Jahren die polnische Königskrone aufsetzte, nachdem er vorher zu diesem Zweck zum katholischen Glauben übergetreten war, sollte der Thron bald auch im künstlerischen Leben der Nation eine Rolle spielen, hier geradezu eine führende Rolle; denn August der Starke, neben seiner außergewöhnlichen Körperkraft mit hoher künstlerischer Einsicht, ja geradezu mit künstlerischen Talenten ausgestattet, brachte es fertig, nach dem Vorbild Ludwig XIV. in Versailles, des „Sonnenkönigs", der glänzendste deutsche Barockfürst zu werden.

Zur Durchführung all seiner großartigen und phantasievollen Pläne brauchte er geeignete Mitarbeiter. Diese aufzuspüren und an seinen Hof zu fesseln, bewies er ein ganz besonderes Geschick. So hatte er sich, allerdings in ziemlich skrupelloser Art, eines aus dem Reußischen stammenden Apothekerlehrlings namens Johann Friedrich Böttiger bemächtigt, der angeblich Gold zu machen verstand. Wenn dieser Adept ihn auch nach der alchimistischen Seite hin bitter enttäuschte, so erfand der Gefangengehaltene doch im Zuge seiner verzweifelten Experimente jenes Porzellan, das dem weltberühmten chinesischen in keiner Weise nachstand und mit dem er seinem königlichen Gebieter eine neue ungeheure Geldquelle eröffnete. Neben ihm hatte August der Starke einen Baumeister ganz großen Formats an sich zu fesseln gewußt, den Westfalen Daniel Pöppelmann, der ihm nach und nach seine vielbewunderten Bauten ausführte; der nur zum Teil fertig gewordene Vorhof eines geplanten Zauberschlosses, Zwinger genannt, genügte, um ihn weltberühmt zu machen. Diese Bauten, vor allem den Zwinger, mit steinernen Figuren zu schmücken, war ein weiteres Genie herbeigerufen worden, der aus Oesterreich-Bayern stammende eigenwillige Balthasar Permoser. Als Hofmaler wirkten außer dem geschickten Franzosen Louis de Sylvestre zwei Ungarn. Zur Vervollkommnung der Oper wurde schließlich der Maestro Johann Adolf Hasse, ein geborener Sachse, gewonnen; er brachte seine Frau, die ausgezeichnete Sängerin Faustina Bordoni, mit aus dem Lande der Musik, wo er bisher gewirkt und Ruhm gewonnen hatte. So war fast ganz Europa in hervorragenden Kunstbegabungen an Augusts Musenhof vertreten.

In diesem illustren Kreise vertrat der Schwabe Dinglinger die edle Goldschmiedekunst und das Kunsthandwerk. Da der König nun gerade für alles, was mit Gold und Silber, Schmuck und Juwelen zusammenhing, eine wahre Besessenheit zeigte, durfte der

Herr Hofjuwelier sich seiner ganz besonderen Gunst erfreuen. Es mag auch eine gewisse Wesensverwandtschaft mitgespielt haben; beide, der König und der Goldschmied, waren ausgesprochen joviale Naturen (ich habe das in meiner Novelle „Dinglinger und sein Glück" tiefer zu begründen versucht). Bekannt ist, daß August der Starke stundenlang am Arbeitstisch seines Hofkünstlers gesessen und zugesehen hat, wie unter dessen Händen erlauchte Kunstwerke entstanden. Diesem verständnisvollen Gönner widmete der Schwabe in Fleiß, Treue und bewundernswerter Anpassungsfähigkeit ein ganzes Leben.

Während nun der große Goldschmied in seiner Werkstatt mit Feile und Pinzette, Punze und Lötkolben unentwegt tätig ist, fluten draußen in der Welt die großen Begebenheiten vorüber: Karl XII. von Schweden, von Dänemark, Rußland und Polen-Sachsen angegriffen, siegt bei Narwa, Klissow, Pultusk, stößt den Wettiner vom Thron der Jagellonen und besetzt Sachsen. In diesem sogenannten nordischen Krieg wendet sich aber bald das Glück, der martialische Karl wird bei Poltawa entscheidend geschlagen, Sachsen wird geräumt, Augustus kann den polnischen Thron wieder besteigen. Fast gleichzeitig kämpfen sächsische Truppen für das Haus Habsburg mit im Spanischen Erbfolgekrieg. Prinz Eugen, an dessen Seite August der Starke früher gegen die Türken gefochten hat, erobert in einem neuen Türkenkrieg Belgrad. Im benachbarten Preußen beginnt das junge Königtum sich eine Vormachtstellung im Reiche auszubauen.

Während der Goldschmied Dinglinger zusammen mit seinen Brüdern alten ernsten Handwerksidealen huldigt, tollt draußen vor den Werkstattfenstern der immerwährende Karneval des lebenstollsten deutschen Barockhofes vorüber. Die Mätressen, die Königsmarck, die Lubomirska, die Cosel, die Dönhoff, die Orzelska, die kostspieligen Repräsentantinnen ehrgeizigsten Hofprunkes, treiben ihr Wesen. Um die neuentstehenden Pöppelmannschen Paläste herum lösen Assembleen, Redouten, Wasserschlachten, Feuerwerke, Tierhetzen, Schlittenfahrten einander ab. Bei einem Festmahl zu Ehren der Königsmarck wird eine riesige Pastete aufgetragen; aus ihr heraus springt der Hofzwerg, um der schönen Gräfin ein Bukett zu überreichen. Um die Anwesenheit des Königs von Dänemark zu feiern, geht im Zwingerhof ein Damenfest von statten, bei dem jeder Kavalier mit seinem Gefolge in die Farbe seiner Dame gekleidet ist, sodaß schließlich beim Ringstechen und bei der Quadrille alle Farben des Regenbogens in einem besonderen Rhythmus durcheinanderwogen.

Die in Wien erfolgte Vermählung des Kurprinzen mit der Tochter des Kaisers wird in Dresden nicht nur Tage oder Wochen, sondern einen ganzen Monat lang nachgefeiert: Die Festivitäten beginnen mit einer glanzvollen Einholung der jungen Frau auf der Elbe in einer dem venetianischen Dogenschiff, dem Buzentauro, genau nachgebildeten Barkasse; Höhepunkt des Festmonats stellt eine Wasserschlacht mit Feuerwerk und Oper dar, bei welcher Gelegenheit die Sänger und Sängerinnen an Drähten in der Luft schweben; den Schluß der Festlichkeiten bildet ein nächtliches Saturnusfest, bei dem unzählige Belegschaften von Bergleuten vor den fürstlichen Zuschauern paradieren und alle Erzschätze des Landes feierlich vorübertragen. Um dem preußischen Rivalen, dem König Friedrich Wilhelm, zu imponieren, veranstaltet bei einem Besuch dieses Souveräns die gesamte sächsische Armee in der Stärke von 30 000 Mann ein Manöver, das darin gipfelt, daß jeder Soldat den hölzernen Teller, auf dem er reich bewirtet worden ist, in die Elbe wirft; 30 000 hölzerne Teller klatschen auf ein Signal hin in hohem Bogen ins Wasser! Selbstverständlich wird an einem solchen Hof ein offizieller Hofnarr besoldet, der, wenn einmal kein besonderes Spectakulum angesetzt ist, den hohen Herrschaften mit seinen Spässen die Zeit zu vertreiben hat. Alle Veranstaltungen und Erlustierungen aber hat in prangenden Reimen der offizielle Hofpoet zu beschreiben, der zugleich Hofzeremonienmeister ist. Zur Zeit Dinglingers bekleidete dieses Amt übrigens Johann Ulrich von König: der Ur-Ur-Großoheim des Freiherrn Richard König von und zu Warthausen bei Biberach.

So, in flüchtigen Zügen skizziert, sah die Umwelt aus, aus der im Lauf des ersten Viertels des 18. Jahrhunderts, also zwischen 1700 und 1730, die Werke Dinglingers herauswuchsen. Im Zusammenhang mit dem pompösen Stil der Verschwendung, der für das barocke Hofleben charakteristisch war, wurde begreiflicherweise auch bei den zahllosen Gastmählern und Hofbanketten ein ungeheurer Luxus getrieben. Hier machte nun August der Starke von dem Genie Dinglingers hemmungslosen Gebrauch. Zunächst wurde dem Ersten Goldschmied ein goldenes Tee-Service in Auftrag gegeben, für das er 46 000 Taler zugebilligt bekam. Es war aus 45 Gefäßen zusammengesetzt und präsentierte sich auf einem Tisch aus Lapislazuli in einem dreistufigen Tafelaufbau. Der Künstler beschreibt es selbst in einer noch heute im Dresdner Hauptstaatsarchiv aufbewahrten Eingabe an die fürstliche Rentkammer (er bezeichnet es übrigens als „Kaffeezeug"): „Der Kaffeetopf von Gold mit emaillierten Phantasieporträts und rarer Arbeit von Versetzung der Diamanten, davon auch der Henkel künstlich mit geschmelzeten Schlangen durcheinandergewunden, sechs goldene emaillierte Kaffeenäpfchen mit denen dazugehörigen Schalen, davon die Füßchen mit Diamanten versetzt sein, darvon zwei Henkel und Deckel von Diamanten haben." Außer allen möglichen zu einem Service gehörigen Teilen „vier Fläschchen von Kristallinen-Glas geschnitten und mit Gold und Diamanten carmoisiert, vier kleinere Fläschchen, von Gold zierlich geschmelzet und mit Diamanten künstlich gearbeitet, vier große Schalen mit artig geschnittenen Bildern von Elfenbein, vier Löffelchen von Gold, mit Diamanten versetzet, vier ganz kleine Becherchen von Gold und geschmelzet, vier Credenzteller mit Diamanten". Da der Goldschmied bei dieser Gelegenheit auch noch einen mit Smaragden und Diamanten geschmückten Blumenkorb, einen Spiegel und ein Schreibzeug ablieferte, schließt die Eingabe: „Nachdem S. Kgl. Majestät obige spezifizierte Stücke alle besehen und allergnädigst belieben zu behalten, haben höchst gedachte Königl. Majestät selbige insgesamt auf das genaueste bedungen und behandelt für 50 000 Taler corrent. Warschau, den 23. Dezember 1701. Johann Melchior Dinglinger."

Man kann leicht glauben, daß der Künstler die ansehnliche Summe, von der er freilich alle Materialien und Zutaten bestreiten mußte, nicht auf einmal ausgezahlt bekam; es geschah in Raten; erst 14 Jahre später scheint der gesamte Betrag einschließlich der Zinsen in seinen Händen gewesen zu sein. Während der Künstler im goldenen Teeservice seine vollendete Geschicklichkeit in der Ausgestaltung von Gefäßen gezeigt hatte, gab der nächste große Auftrag seines

Johann Melchior Dinglingers Blumenkorb, der heute im Museum Biberach zu bewundern ist.

Fürsten ihm Gelegenheit, seine Kunst als Modelleur von Figuren in das hellste Licht zu stellen. Der äußere Anlaß dazu war der: Zwei französische Forscher hatten Ostindien bereist und über die Ergebnisse dieser Reisen aufsehenerregende Bücher veröffentlicht. August der Starke, dessen Phantasie jederzeit weit hinaus in östliche Länder spielte, hatte vor allem an der Schilderung der großmogulischen Geburtstagsfeier zu Delhi Gefallen gefunden.

Der Großmogul von Delhi Aureng-Zeyb galt damals in der Meinung des Abendlandes als der mächtigste Fürst der Erde. Die Geburtstagsfeier dieses Märchenkaisers sollte nun der Erste Goldschmied alsbald im Kleinen nachbilden. So entstand das vielbewunderte Werk, das als „Hofhalt des Großen Mogul" im Dresdner Grünen Gewölbe die Besucher immer mit am meisten fesselte. Es handelt sich um 132 daumengroße Figuren (Menschen und Tiere) und 33 sogenannte Präsentstücke aus Gold, mit Email überzogen und mit Juwelen geschmückt, die auf einer Platte reinen Silbers, aus der sich in drei flachen Absägen breite silberne Stufen emporstaffelten bis zu einem Märchenthron, nach Belieben aufgestellt werden konnten. Auf dem goldenen, von Diamanten funkelnden Thron sitzt mit untergeschlagenen Beinen der Weithingebietende und sieht in orientalischer Gemütsruhe den Huldigungen seiner höchsten Würdenträger entgegen. Von allen Seiten nahen sie sich in prächtigen Aufzügen unter Baldachinen, von geschenktragenden oder -führenden Sklaven umgeben. Alles, was ihm an Präsenten zugedacht ist, daneben auch der dreigeteilte Säulenbau, der die Szene umgibt, strahlt von edlen Metallen und edlen Steinen in sinnverwirrender Fülle, und man kann sich vorstellen, welchen Taumel der Bewunderung das kostbare Werk in seiner Zeit hervorgerufen hat.

Um die aufgewendete Kunstfertigkeit und Mühe einigermaßen beurteilen zu können, muß man wissen, daß Dinglinger mit seinen zwei Brüdern und 14 Gehilfen nicht weniger als 8 Jahre daran gearbeitet hat; Bruder Georg Friedrich, der Emailleur, und Bruder Georg Christoph, der Juwelier, haben ihr Bestes dazugegeben, was denn auch eine Inschrift, im Innern des großmogulischen Thrones angebracht, verkündet. Nicht verheimlicht sei, daß das kuriose Werk schon damals nicht ohne ablehnende Kritik geblieben ist; es wurde gelegentlich als „Spielerei" abgetan und spöttisch als „fürstliche Puppenstube" bezeichnet. Unser heutiges Kunstempfinden muß diesen Einwendungen in gewissem Sinne recht geben; als barockes Wunder subtilster Goldschmiedekunst wird es seinen Ruhm behalten. Es brachte seinem Schöpfer, der allerdings wieder das gesamte Material selbst zu beschaffen gehabt hatte, 60 000 Taler ein und prunkte hinfort bei Festmählern und besonders repräsentativen Anlässen auf der Tafel unmittelbar vor dem Platz des Souveräns, dem nach überliefertem Hofbrauch niemand gegenübersitzen durfte.

So wie die Phantasie der Zeit fremde Länder und Menschen im fernen Westen und Osten umspielte (erinnert sei nur an das Interesse des damaligen Europa für chinesisches Porzellan), so war die Geisteshaltung der Zeit durchsetzt mit fremdartigen mythologischen Begriffen. Es hatte ganz den Anschein, als ob in der Welt der herrschenden Schichten bei einer ausgesprochen gleichgültigen Haltung konfessionellen Bindungen gegenüber die Götter und Göttinnen Griechenlands noch regierten und als ob die Heroen der Alten aus ihren Gräbern auferstanden seien, was seit der Renaissance, der Wiedergeburt der Antike, gewissermaßen ja auch der Fall war. Augustus von Sachsen wurde wegen seiner Muskelkraft weniger oft mit dem starken Simson der Bibel als mit dem körpergewaltigen Herkules verglichen, und die schöne Gräfin Cosel stieg seltener als Susanna, häufiger als Diana ins Bad.

Dieser Einstellung des Hofes entsprechen in der ganzen Folgezeit – der Großmogul war 1715 abgeliefert worden – die Bemühungen des Hofgoldschmieds. Dabei handelte es sich immer noch vorwiegend um Ziergefäße, bestimmt, bei besonderen Gelegenheiten repräsentativ die Tafel des Fürsten zu schmücken, meist kunstvoll verzierte Schalen und Trinkgefäße. So entstand, teils vom Meister selbst gefertigt, teils in Gemeinschaft mit den beiden Brüdern erzeugt, (um nur einige Beispiele zu nennen) ein Trinkhorn aus Rhinozeroshorn in Form einer Fregatte, ein Pokal aus Sardonix, den ein Fabeltier, ein Drache, bewacht, eine Schale mit einem ruhenden Herkules, eine andere größere Schale, auf deren Knauf der Halbgott eine seiner zwölf gewaltigen Arbeiten vollbringt, nämlich den nemäischen Löwen niederringt; so entstand neben anderen Dingen schließlich eine unter den schönsten Ziergefäßen aller Zeiten einzigartige Schale, die als „Das Bad der Diana" weltberühmt geworden ist und von berufenen Kennern dem großartigsten in der Kunstgeschichte vorhandenen Ziergefäß gleichgestellt wird, dem Salzfaß, das der erlauchte florentinische Goldschmied Benvenuto Cellini für den König Franz I. von Frankreich schuf.

   Die griechische Göttin der Jagd, Diana, umgibt sich seit alters mit der Gloriole der Keuschheit. Der junge Jäger Aktäon, der sie belauscht, wie sie unbekleidet ins Bad steigt, wird zur Strafe von ihr in einen Hirsch verwandelt, den alsbald seine eigenen Hunde zerreißen. In der künstlerischen Umschöpfung der Sage geht Dinglinger mit höchstem Feingefühl zu Werke: er stellt nicht den grausigen Vorgang dar, sondern läßt ihn bereits geschehen sein. Er benutzt lediglich den schönen Kopf eines starken Hirsches als Sockel seines Gefäßes und bestimmt das vielzackige Geweih des Tieres, das wirkungsvoll verschlungen emporstrebt, als Schaft, auf dem wie auf den gespreizten Fingern einer Hand leicht und zierlich eine Chalzedonschale ruht. In diese Schale, die als Waldweiher gedacht ist, läßt sich in elfenbeinerner Nacktheit Diana hinabglei-

Stolz zeigt Dinglinger auf sein „Bad der Diana" (Kupferstich von Johann Georg Wolffgang nach einem Gemälde von Antoine Pesne, 1722).

ten, um nach der Jagd die erhitzten Glieder zu kühlen. Daß der Meister selber dieses Werk seines Genies als besonders gelungen empfand, geht daraus hervor, daß er sich von dem Berliner Hofmaler Antoine Pesne, der ihn, wie bereits erwähnt, malte, mit dieser Dianenschale in der Linken darstellen ließ. Und der Hofpoet Johann Ulrich von König machte sich zum Sprachrohr der zeitgenössischen Bewunderer, indem er reimte: „Dinglingern seht ihr hier, wie ihn die Kunsthand trifft / und zwar, wie er sich selbst ein ewig Denkbild stift' / aus Silber und aus Gold und soviel edlen Steinen; / ein neu erschaffen Werk weiß sinnreich zu vereinen / das Reichste der Natur, zu seinem Brauch entlehnt, / das Schönste jeder Kunst, nach seiner Hand gewöhnt, / und so Natur und Kunst weit pflegt zu übersteigen: Dies nur kann ein August in seinem Schatze zeigen."

Dem Zeitgeschmack entsprechend besaß August der Starke eine Sammlung geschnittener Edelsteine, Gemmen und Kameen, die meist Antlitze von römischen Kaisern, Göttern und Heroen oder Szenen aus der Mythologie darstellten. Schätze dieser Art gedachte der Fürst nicht wie andere Sammler in Kästen aufzuheben, sondern die wünschte er an großen Tafelaufsätzen und monstranzartigen Aufbauten wirkungsvoll zur Schau gestellt zu sehen. Dieser Wunsch des Souveräns bestimmt in weitgehendem Maße die folgenden Arbeiten Dinglingers. Nicht weniger als 240 solcher geschnittener Steine brachte er an dem sogenannten Obeliscus Augustalis (rechts) an, einem Miniaturdenkmal in Obeliskenform, dessen Sockel das emaillierte Bildnis Augusts des Starken zeigte.

Größere Platten, die Szenen in Reliefarbeit aufwiesen, wurden in drei vielbewunderten Schaustücken verwendet, für die die Zeit die charakteristische Bezeichnung Kabinettstücke ausgebildet hatte; die Platten, zwei aus Achat, eine aus Sardonix, versinnbildlichten in Szenen den Frühling des Lebens, des Lebens höchste Freuden und das Ende des Lebens. Eine weitere große, bereits vorhandene Sardonixplatte mit altägyptischen Gottheiten in Relief wurde der Anlaß zu dem absonderlichsten und größten dieser „Kabinettstücke", dem sogenannten Tempel des Apis. Bekanntlich spielte im altägyptischen Götterkult ein schwarzer Stier mit einem weißen Dreieck auf der Stirn eine große Rolle; er wurde in einem Tempel verehrt und mußte, sobald er gestorben war, sofort durch einen neuen ersetzt werden. Die Einbringung eines neuen Apisstiers in einer Nilbarke stellte unter Zuhilfenahme von Ebenholz, Gold, Silber und Edelgestein der Meister im Zusammenhang mit der Sardonixplatte an einem altarähnlichen Aufbau dar, der ebenfalls in einen Obelisken auslief; der Obelisk war wie das ganze Werk über und über mit Hieroglyphen bedeckt, auf seiner Spitze entfaltete ein heiliger Ibisvogel die Schwingen.

Dieses letzte merkwürdige Kabinettstück führte den Künstler ziemlich weit ab von der Domäne seiner eigentlichen Begabung und mag ihm nicht dieselbe Schöpferfreude gewährt haben wie seine übrigen Arbeiten; ist es doch im Letzten auch erst durch seinen Sohn Johann Friedrich vollendet worden. Es beschließt die Zahl seiner wichtigsten Werke, die bis zu ihrer durch den Weltkrieg bedingten Auslagerung im Grünen Gewölbe zu Dresden bewundert werden konnten, von der verwirrenden Vielzahl kleinerer Werke seiner Hand, Geschmeidestücken, Vasen, Dosen, Ordenssternen, gar nicht zu reden.

Für die Beurteilung von Dinglingers künstlerischer Gesamtpersönlichkeit erscheint wichtig, daß man ziemlich genau noch über sein allerletztes großes Werk Bescheid weiß, obwohl es selber schon lange nicht mehr vorhanden ist; es wurde von den Erben an die herzoglich braunschweigische Kunstkammer verkauft, wo es 1786 noch zu sehen war. Zwischen 1786 und 1798 wurde es vom Herzog Karl Wilhelm Ferdinand aus Geldmangel an einen Antiquar verschachert und ist seitdem verschollen. Es nannte sich „Berg der Weisheit" oder „Parnass uschymicus" und ist deswegen von Bedeutung, weil es als das einzige größere Werk zu gelten hat, das Dinglinger ohne äußere Willenseinwirkungen ganz aus sich selber heraus geschaffen zu haben scheint. Zu einem Zauberschloß, zu einem Kastell, das aus einem silbernen Berge wächst, pilgern fünf männliche Gestalten, Adepten, Goldsucher, Wahrheitssucher empor. Ziel ihrer sehnsüchtigen Wallfahrt ist der „Stein der Weisen", der unerreichbar, ja sogar ziemlich zweifelhaft in einer Sphaera, in einer dreizirkeligen Weltkugel, die die höchste Zinne des Kastells krönte zu denken ist. Es ist jammerschade, daß gerade dieses persönlichste Werk des großen Künstlers, sein „Schwanengesang", schon vor anderthalbem Jahrhundert den Blicken der teilnehmenden Welt entrückt wurde. Gerade durch dieses

Werk mit seiner Versinnbildlichung uralter tiefster Menschheitssehnsucht – denn was ist alle geistige Bemühung des Menschengeschlechts anders als eine inbrünstige Wallfahrt zum Berg der Weisheit? – gerade durch dieses Werk würden dem hellen heiteren Barockbildnis, das wir uns von Dinglinger zu machen haben, ein paar dunklere, metaphysische Farben eingefügt worden sein. Eine noch vorhandene Beschreibung des Werkes, von ihm selbst und einem seiner gelehrten Mitarbeiter verfaßt, kann nur als dürftiger Ersatz gelten.

Abschließend aber ist zu sagen: es ist in hohem Maße sympathisch zu sehen, daß J. M. Dinglingers Lebenswerk, so wenig die Verhältnisse besondere Entwicklungsmöglichkeiten zuließen und so sehr seine Haltung vom Stil der Zeit bedingt war, von einer Leistung beschlossen wird, die sich von aller äußeren Beeinflussung bewußt frei zu machen sucht und die Anläufe nimmt, Ureigenes, Persönlichstes, wenn natürlich auch in barocker Bindung, auszusprechen.

Das Barock, als Kunstrichtung sowie als Form der Lebenshaltung durch Schwungkraft, Bewegungswillen, Daseinslust gekennzeichnet, bis zur Maßlosigkeit strotzend und überschwänglich, hat dem Schaffen J. M. Dinglingers (und dem seiner Brüder) sein künstlerisches Gesetz vorgeschrieben; von dem Begriff des Barock ist Leben und Schaffen dieser nach Mitteldeutschland verpflanzten schwäbischen Goldschmiede nicht zu trennen. Wir Deutschen von heute sind durch einige ganz beträchtliche Phasen der abendländischen Menschheitsentwicklung vom Barockzeitalter getrennt. In die Knechtschaft technischer Vergewaltigung und in den Malstrom der Massenproduktion geraten, durch beispiellose Katastrophen aus der Bahn einer organischen Entfaltung der besten Anlagen geschleudert, äußerlich und innerlich in einer noch nicht dagewesenen Weise verarmt, geschwächt und beengt, blicken wir zu dem Reichtum, der Kraft, der Bewegungsfreude des Barock mit einer gewissen Melancholie hinüber.

Mit geschärften Blicken sehen wir aber auch das ausgesprochen Spielerische, Launenhafte, Verschnörkelte und Überladene seiner Ausdrucksformen und fragen uns nicht mit Unrecht: Was hat das alles mit dem Urstrom von Kraft und Gesundheit zu tun, der unsichtbar unter dem Wandel und Wechsel der Erscheinungen in einem Volksorganismus hintreibt? Was hat das mit dem Ja und Nein zu tun, von dem eine Epoche abhängig ist, die völlig veränderten gesellschaftlichen und wirtschaftlichen Gesetzen untersteht? Was hat das mit den verzweifelten Sorgen und Nöten zu tun, die uns in unserer ernüchterten Gegenwart so heiß auf die Nägel brennen? Nun, ich meine: Ein Blick auf eine Zeit, die mehr am Überschuß als am Mangel litt, kann in keinem Falle etwas schaden, und ein Blick auf Verhältnisse, in denen das Glück und der Fortschritt vieler nach den verschiedensten Seiten hin vom Willen oder Unwillen einzelner zumeist Hochgestellter und Selbstherrlicher abhing, braucht unser demokratisches Gewissen noch lange nicht zu beschweren. Das beste ist, wir halten uns auch hier an den Zauber der Einzelpersönlichkeit, der noch immer alle Formen des Lebens und alle Spielarten der Kunst überdauert hat.

Jede ausgereifte Persönlichkeit hat gleichzeitig etwas Symbolisches und etwas Exemplarisches. Den tollen Ausschweifungen und verschwenderischen Umtrieben des glänzenden Barockhofes, den Maskeraden, Tierhetzen, Feuerwerken, Schlittenfahrten und dem verführerischen Sinnentaumel des höfischen Treibens gegenüber repräsentierte der große Goldschmied mit seinen Brüdern die ernste und verantwortungsbewußte Überlieferung edlen Handwerks und die gesunde Kraft des Volkes, wie sie zukunftsträchtig in den Unterschichten pulste. Das ist für meine Begriffe Dinglingers Sinnbildlichkeit.

Die Begriffe Sozial und Unsozial lagen damals dem Allgemeinempfinden noch meilenfern. Dem Laster der diplomatischen Lüge und des geborgten Prunkes, der Sittenlosigkeit und dem Müßiggang, der Völlerei und der Verlotterung gegenüber vertrat der große Goldschmied mit seinen Brüdern die Tugend der Aufrichtigkeit, den Ernst fruchtbaren Schaffens und unablässigen Fleißes und das Maßhalten in der richtigen Beurteilung der Pflichten, die jedem seine Bestimmung auferlegt. Das ist, wie ich die Dinge sehe, das Beispielhafte an diesem außergewöhnlichen Barockmenschen. Und wenn es scheinen sollte, als hätte er in beflissener Unterwürfigkeit nur immer nach dem Willen seines Auftraggebers geschielt und als wäre sein Dienst an der Kunst nur ein sklavisches Unterducken unter die Launen und Willkürlichkeiten seines Potentaten gewesen, so lehrt schon ein Blick auf die anderen außergewöhnlichen Barockmenschen in desselben Fürsten Sold, Permoser und Pöppelmann, daß jeder dieser Außergewöhnlichen im Grunde doch nur die Folgerichtigkeit seiner ureigenen Begabung, natürlich im Stil der Zeit, durchführte.

Dinglinger, der den maßlosen Ehrgeiz und die Empfänglichkeit seines Herrn für Schmeicheleien nur zu gut kannte, hätte dem Großmogul oder dem Löwen bändigenden Herkules wohl die Züge des sächsischen Augustus geben können; er hat es nicht getan; er hätte der Schönheit der allmächtigen Gräfin Cosel und ihrer unbändigen Jagdleidenschaft wohl bei Gestaltung seiner Diana durch Porträtähnlichkeit huldigen können; es liegen keine Anzeichen auch nur des leisesten Versuches vor.

Und wenn man zum Schluß noch kurz die Frage streifen will, ob seinem Wesensbild Spuren seiner Heimatlandschaft eingesprengt waren, so läßt sich etwa sagen: Schwäbisches Erbteil an ihm mögen seine Bereitschaft zur Verpflanzung, seine Werktreue, sein stark ausgeprägter Familiensinn, sein Behagen an einer geordneten Häuslichkeit gewesen sein; seiner Kunst würde vielleicht hier und da eine gewisse sorglose Leichtigkeit fehlen, wenn er nicht Süddeutscher gewesen wäre, aber gerade auch das Grüblerische, das sein letztes großes Werk, den „Berg der Weisheit" auszeichnet, könnte auf seine Stammeszugehörigkeit deuten.

Da jedoch die Nachrichten über sein Privatleben sehr spärlich sind, und da sein Kunstschaffen (von dem letzten Werke abgesehen) durchaus einen zeitgebundenen Kosmopolitismus zur Schau trägt, so erscheint es geraten, hier keine gewaltsamen Schlüsse ziehen zu wollen. Ein halbes Jahrhundert nach Dinglingers Tod am 6. März 1731 ließ der Schweizer Johann Kaspar Lavater ein Buch erscheinen, das außerordentliches Aufsehen erregte, die „Physiognomischen Fragmente zur Beförderung der Menschenkenntnis und Menschenliebe". Unter sechs abgebildeten Künstlern, aus deren Physiognomien Lavater Deutungen ihres Charakters versuchte, befindet sich auch der große Hofjuwelier. Zwar teilt der sehr eigenwillige Seelenforscher das Attribut der Genialität einem anderen der sechs zu, einem Kirchenbaumeister, was sich aus seiner dem Barock abholden klassizistischen Einstellung erklären mag, aber daß Fleiß und, wie er sich ausdrückt, „Bemerkenskraft" das Auge des „prächtigen Silberarbeiters" beseelt, hat er doch gefunden; ein Kupferstich nach dem Bildnis Antoine Pesnes hat seinen Beobachtungen zu Grunde gelegen.

Ein halbes Jahrhundert nach Dinglingers Tod ist der Ruhm also schon so groß, daß er der Ehre gewürdigt wird, als Urtyp eines hochbegabten handwerklichen Künstlers einer staunenden Nachwelt vorgeführt zu werden. Uns interessiert heute mehr, daß sich in dieser Tatsache ein Kompliment auch vor den menschlichen Eigenschaften des „prächtigen Silberarbeiters" verbirgt, denn der „physiognomische Pfarrer" von Zürich war zugleich ein Lobredner deutscher Biederkeit und mag nach geeigneten Beispielen für seine These lange gesucht haben. Mit dem Goethewort „Höchstes Glück der Erdenkinder sei nur die Persönlichkeit" soll darum diese Lobrede auf den großen Goldschmied beschlossen werden. September 1950

Johann Melchior Dinglinger (Schabkunstblatt von Bernhard Vogel, nach einem Gemälde von Johann Kubezky, 1736).

DINGLINGER UND SEIN GLÜCK
Kleine Chronik einer überschwenglichen Zeit

I
DAS GEHEIMNISVOLLE HAUS

Der Hilfsbibliothekarius Rüger berichtet: Als ich das hohe schmale Haus in der großen Frauengasse zum erstenmal betrat, konnte ich nicht wissen, daß die Schicksalsgöttinnen beschlossen hatten, mich mit diesem Haus wie auch mit seinen Bewohnern auf eine extraordinäre Weise zu verbinden. Ich betrat es an der Hand meines Vaters, der dem Hausherrn, dessen damals noch lebende erste Frau eine Stiefschwester meiner Mutter war, einen Besuch abzustatten gedachte. Mein Vater hatte ein paar Wochen vorher seine Beförderung vom Kurfürstlich Sächsischen und Königlich Polnischen Kammerschreiber zum Geheimen Kammerschreiber erleben dürfen und hegte die Absicht, sich für eine diesfalls erfolgte Beglückwünschung zu bedanken, trug er doch die Staatsperücke, den besten seiner betreßten Fräcke und silberne Schnallen an den Schuhen. Auch mich hatte man in mein sonntäglich Wams gesteckt. Die junge Hausmagd, die uns im dunklen Gewölbe des Flurs in Empfang nahm und die meinen Vater nicht kennen mochte, berichtete mit einem großen Aufwand von Worten, die Frau Hofjuwelierin sei nicht daheim, die Frau Hofjuwelierin sei auf Visite in die Neu-Stadt, der Herr Hofjuwelier habe eine Unterredung, eine Unterredung mit dem Herrn Hof- und Kommerzienrat Marperger; zu der Unterredung sei ein Herr Sekretarius vom Geheimen Kabinett zugezogen worden. Es war, als schnatterte eine Gans, die jedem Fremden den Zutritt wehren wollte. Wir gedächten zu warten, sagte mein Vater, und zwar nirgendwo anders – und dabei nickte er mir bedeutsam zu – als oben auf dem Altan des Hauses, der ja wohl bei dem heutigen schönen Wetter offen stünde. Einer besonderen Erlaubnis des Herrn Hofjuweliers bedürfe es nicht; wir seien Verwandte. Die Hausmagd ließ sich zu einem kurzen Knix herbei: „Dann weiß der Herr ohnehin Bescheid. Wollen Sie sich gefälligst hinaufbemühen. Dem Herrn Hofjuwelier werde ich Bescheid sagen".

Wir traten näher, und hinter meinem Vater stieg ich die steinernen Stiegen empor, ein, zwei, drei Stockwerke hoch und nun immer noch eine steile Treppe. Mein Vater, der kein dünner Mann war, schnaufte denn auch nicht wenig. Ich war außer mir vor Freude. Ich sollte endlich, endlich das Glück haben, eine der größten Sehenswürdigkeiten der Stadt in Augenschein zu nehmen; denn kein Reisender von Stande besuchte die Residenz, ohne das Haus des berühmten Hofjuweliers Dinglinger eines Besuches gewürdigt zu haben, insonderheit den viel berufenen Dachgarten mit seinen seltsamen Kuriositäten. Dieser luftige, mit einem durchbrochenen Geländer umgebene Altan – denn das Dach des vierstöckigen Gebäudes war flach nach italienischer Manier – hatte einen ebenso großen Ruf wie das Königliche Schloß, wie das Gräflich Flemmingsche Palais auf der Pirnaischen Gasse, wie die steinerne Elbbrücke mit ihren neunzehn Schwibbogen.

Zuvörderst sprang in die Augen eine große steinerne, mit Wasser gefüllte Zisterne. Außer ihr waren auf der Plattform gleichmäßig verteilt zwei nett ausgehauene Wassertröge, die von Delphinen und anderen Seeungeheuern getragen und mit den kuriösesten Wassermännern besetzt waren. Allen Figuren standen die Münder weit offen zum Wasserspeien, wie denn auch allerlei Fische und Molche bereit waren, Wasserstrahlen von sich zu geben, was durchweg sehr lustig aussah. Daneben stand eine große metallene Feuerspritze, mit welcher alle nahegelegenen Häuser in Feuersnöten bespritzt werden konnten. An der einen hinteren Ecke war an zwei hohen Pfosten ein Glockenspiel befestigt und zwar ein Glockenspiel von so ausgesuchter Invention, daß es nicht etwa bei jedem Luftzug plebejisch bimmelte, sondern nur bei großem Wind in orgelnden Akkorden sich vernehmen ließ. (Wir hörten im Augenblick, da kein Lüftchen sich regen mochte, freilich seine Stimme nicht.)

An der anderen Ecke konnten auf sehr kunstreichen Stativen etliche Tubusse oder Fernrohre nach links und rechts, nach oben und unten bewegt werden, durch welche sich in aller Bequemlichkeit die Nähe und Umgebung, insonderheit aber die Erd- und ganz speziell die Himmelsferne in wunderbarer Vergrößerung betrachten ließ. Dieser ganze Apparat hätte einem vollkommenen Observatorio zur Ehre gereicht.

Das Allermirakulöseste aber präsentierte sich mehr in der Mitte des Altans. Das war eine Maschine, durch welche vermittelst einer blechernen Fahne und neben derselben durch unterschiedliche Windfänge nicht nur oben angezeigt wurde, woher und wie gelaunt der Wind blies, sondern von welcher zwei in das darunterliegende Stockwerk führende bewegliche Stangen mittels eines daselbst angemachten metallenen Weisers die Stärke und Beschaffenheit des Windes, ob solcher gelind, stark, übermäßig, ob er von Norden, Osten, Süden, Westen komme, unten an der Decke einer gewissen Stube gewissenhaft meldeten. Selbiges erklärte mir mein Vater, und ich merkte wohl, wie sehr ihm, der die Intelligenz der Maschine schon mehrmals unten in der Wohnung hatte betrachten dürfen, die Erfindung imponierte.

Wenn diese Merkwürdigkeiten mich auch sonderlich bewegten, so machte mir doch der seltene Vorzug, vom Altan eines hohen Hauses aus in Gassen und Höfe und über hundert Firste hinweg auf die vertraute Stadt blicken zu können, das Spiel des Lichts und der Schatten auf Dächern, Mauern, Schornsteinen rings um mich herum, den uneingeengten Himmel über mir, zum mindesten denselben starken Eindruck. Dort reckte sich mit breiten Schultern der Turm der Kreuzkirche, gegen den das Türmchen der alten baufälligen Frauenkirche fast kümmerlich wirkte. Dort das Flemmingsche Palais und die Gegend, wo an der Schießgasse unser Haus stand. Dort draußen mochte das Pirnaische Tor liegen, und da hinten hinter dem Zeughaus begann das Bollwerk, zu dessen Füßen die Elbe floß, die man nicht sehen konnte. Dort drüben das Schloß mit seinen grünspanigen Türmen, am Taschenberg die Sophienkirche, jenseits des Wilsdruffer Tors die Annenkirche, beide nach alten Kurfürstinnen genannt, ja, und Anna Sophia, so hieß mit ihren Vornamen daheim die Mutter.

Wie ich mich bei diesem Gedanken wieder nach der Gegend unseres Hauses umdrehte und dabei einen Blick steil hinunter in die Schattenkluft der Frauengasse warf, auf der sich Menschen und Fuhrwerke putzig klein bewegten, sah ich – ich hab das vor Augen, als wär es heute –, wie in eine Sänfte, die vor dem Bordstein hielt, gerade ein vornehmer Herr einstieg, so aus dem Dinglingerschen Portal getreten war. Alsbald faßten zwei Gelb- und Blaubefrackte die Tragstangen, hoben die Chaise auf, und fort ging's Schritt für Schritt in der Richtung des Neumarkts. Es war überaus lustig, von hoch oben zuzusehen, wie da zwischen zwei Männern gleichsam ein Schilderhäuschen schwankte, von dem man wußte, daß einer drinnen saß. Da, um die Ecke! Verschwunden! Am Ende war's der Herr Hof- und Kommerzienrat gewesen, von dem vorhin die Hausmagd gesprochen hatte. Oder der Sekretarius vom Geheimen Kabinett? Nein, der ging wohl zu Fuß nach Hause. Ich sagte es dem Vater.

Derselbe schaute gerade, ein wenig vorgebückt, sodaß sein Degen hinten hinausstach, in der Richtung der Neu-Stadt durch das Fernrohr. „So?", sagte er, indem er sich aufrichtete, „nun, dann wird man uns wohl bald holen lassen". Unwillkürlich richtete sich mein Blick auf die breite Falltür, durch die wir vorhin herausgeklettert waren. Und richtig, da kam auch schon – Mon dieu! Eine hoch frisierte Perücke, ein großes, aus der Maßen gerötetes Gesicht, ein mächtiger Brustkasten, ein Körper, der Körper eines Riesen, der in grauem Atlas steckte, Beine wie Säulen, welche fast die Hosenseide und die Strümpfe sprengten, wahrhaftig, ein Riese, ein Gigant trat mit fröhlichem Lachen auf den Vater zu, der, den Hut unterm Arm, sich höflich verneigte: Der weitberühmte Herr Hofjuwelier hatte sich in höchsteigener Person bemüht, uns willkommen zu heißen! Als er auch mir schmunzelnd die Hand drückte, war es mir, als verschwänden meine Finger zwischen den harten Schalen einer großen Muschel.

Er sei, wie er mit schallender Stimme, einer wahren Löwenstimme, verkündete, überaus erfreut von unserm Besuch, er hoffe, wir hätten uns die Zeit, die wir leider warten mußten, gut vertrieben. Was hinsichtlich seines bewunderungswürdigen Dachgartens ganz gewiß der Fall war. Mein Vater sprach es aus, und mein staunendes Bubengesicht mochte noch mehr besagen; denn erst jetzt fiel mir auf, daß der Herr Hofjuwelier meinen Erzeuger, der doch ein stattlicher Mann war, um einen halben Kopf überragte und daß er überhaupt in jeder Hinsicht, nicht nur seiner Länge und Breite wegen, einem großen Herren glich. Allein die Art, wie er trotz seiner dicken Finger zierlich aus einer goldenen Dose schnupfte, so er ab und zu aus seiner bestickten Weste holte, hatte etwas Imponierendes. Ja, hatte er nicht sogar irgendwie eine gewisse Ähnlichkeit mit unserer sächsisch-polnischen Majestät, mit unserm gloriosen Augustus, den sie nicht ohne Grund den „Starken" nannten und den von öffentlichen Aufzügen und zahllosen prächtigen Ausritten her, auch ob seiner Leutseligkeit gerade der Jugend gegenüber, jeder Dresdner Junge persönlich kannte? Wie er die feingedrehten Locken der Perücke schüttelte, wenn er lebhaft den Kopf drehte! Wie er unter den dichten Brauen forschend die Augen zusammenkniff, sodaß über seiner Nase eine Falte wie ein Riß entstand, wenn er eine Sache scharf aufs Korn nahm! Wie er die Arme schwang, wenn er etwas in der Ferne zeigte! „Überall wird gebaut!", rief er gerade, den Umkreis musternd. „Der Herr Schwager wird's bemerkt haben. Der König macht den Pöppelmann wild, der Pöppelmann die Steinmetzen!" „Da hat die Majestät wieder einmal den richtigen Blick gehabt!" So oder so ähnlich entgegnete mein Vater. Wie mir heute in der Erinnerung gewiß ist, tat er's nicht ohne die Absicht eines Kompliments vor dem Hausherrn. Es war Stadtgespräch, daß es der prunkliebende König aus der Maßen gut verstand, im Reiche und außerhalb des Reiches die besten künstlerischen Kräfte ausfindig zu machen, seine pompösen Pläne durchzuführen.

Mit einer unnachahmlichen Gebärde (mit einer Gebärde der Gewissenhaftigkeit, möchte ich heute sagen) warf der Hausherr die Bemerkung meines Erzeugers beiseite. „Ich hab schon unter dem königlichen Vater hier gearbeitet!", sagte er nur. Aber er hatte die Absicht der Rede wohlverstanden, denn er setzte hinzu: „Freilich, der Pöppelmann stammt aus Westfalen, der Permoser aus Bayern oder Tirol und ich aus Schwaben. Es kommen hier allerhand Leute zusammen, ha ha! Die Schwaben übrigens gehn gern außer Landes!" Vom ersten Architekten des Königs, dem genialen Baumeister Pöppelmann, hatte ich gehört; es wurde im elterlichen Hause oft genug von ihm gesprochen; denn seine kühnen Bauprojekte erregten die Gemüter. Gesehen hatte ich ihn bisher noch nie. Wer aber in der Stadt kannte von Angesicht zu Angesicht nicht den Ersten Bildhauer des Königs, den alten wunderlichen Permoser, schon, weil derselbe der einzige Mann der Residenz war, der einen vollen Bart trug? Wem hatte der riesige geflügelte Saturn, welchen er mit Stundenglas und Hippe voriges Jahr drüben in der Neu-Stadt an einem Eckhaus der Brücke angebracht hatte, nicht schon einen leisen Schauder eingejagt? Wir Buben gingen dem Bärtigen nicht ungern aus dem Wege, denn er war jä im Zorn und unberechenbar.

Und nun stand ich mit gutem Glück vor dem dritten der berühmten Künstler, welche, vom Geheimnis und Zauber der Königsgunst umwittert, aus der sächsischen Hauptstadt, wie es allgemein hieß, ein zweites Versailles machen sollten! Vor dem Ersten Goldschmied des Starken Augustus stand nun meine zwölfjährige Wenigkeit! Mein unverfroren Anstarren mochte ihm Spaß machen. Er schob mich zu dem metallenen Stativ, schraubte ein wenig daran herum, richtete das Rohr gegen den Horizont, an dem schwarze Wolken aufstiegen, und lachte: „Nun wollen wir mal dem Mosjö – wie heißt er eigentlich mit dem Vornamen?" – „Moritz!" „Nun wollen wir dem Mosjö Mauritius mal ein Paar neue Augen einsetzen!" Ich bohrte den Blick in das Rohr, konnte aber nicht das Geringste sehen, auch nicht, als er abermals an einer Schraube gedreht hatte. Es blieb dabei; so sehr mein Auge sich anstrengte, es vermochte nichts zu erkennen. Mein Vater wollte schon ungeduldig werden. Der Hausherr aber gab sich in gelassener Freundlichkeit weiter mit mir ab. Mein Vater war es schließlich, der mich vom Stativ wegzog, um, wie er sagte, dem vielbeschäftigten Künstler Zeitverlust zu ersparen. Derselbe gab mir einen kameradschaftlichen Klaps auf die Schulter und nickte: „Ein andermal wird's besser gehn", indessen ich vor Ärger und Scham nicht wußte, wohin ich mich verkriechen sollte. Von diesem Augenblick an, glaube ich heute sagen zu können, von diesem Augenblick an gehörte mein Herz ihm, und sooft ich mich seitdem seiner immer gleichbleibenden Freundlichkeit erfreuen durfte, das Gefühl, das damals in einem Bubenherzen Wurzel schlug, konnte kaum mehr überboten werden.

Von jenem Sommernachmittag muß ich aber noch weiter berichten: denn etwas Unvergeßliches sollte noch kommen. Nachdem der große Mann uns erzählt hatte, daß alle diese kunstreichen Instrumente, das Fernrohr, das Glockenspiel, die Windmaschine, kein Geringerer als der Hofmechanikus Andreas Gärtner für ihn konstruiert, machte er sich anheischig, uns des weiteren vor Augen zu führen, worin der „Sächsische Archimedes" – so betitulierte er den Hofmechanikus – sich selber geradezu übertroffen hätte. Er trat an das hintere Geländer und rief mit Stentorstimme einen Namen in den Hof hinab. Wie ich später erfuhr, war es das Faktotum seines Hauses, der alte Emil Papperitz, von ihm Emilio genannt, den er gerufen. Es antwortete alsbald auch eine Stimme unten in der Tiefe. Darauf wies er uns zu den Wasserbecken. Und was geschah dort? Von den Lippen der Tritone fing es an zu tropfen, zu rieseln, zu rinnen, die Mäuler der steinernen Fische und Salamander wurden zu Quellen, welche sprudelnde Bäche von sich gaben, und der kleine Delphin, der sich mitten in jedem Becken aufwärtsbog, gab einen Strahl von sich, der höher und höher stieg. Schließlich plätscherte es zur Linken und zur Rechten des Altans aus Dutzenden von Öffnungen, gemuschelte Schalen fingen die Flut auf, bis sie überschäumten und den Inhalt in das Becken entleerten, das sich mehr und mehr füllte und doch nicht überfloß; denn irgendwo war dafür gesorgt, daß das Wasser durch Rohre nach unten wieder entweichen konnte. Es war ein solennes Schauspiel. Dazu ging von der ganzen Kunst eine spürbare Frische aus, die auf dem heißen Dach ungemein wohltat. Wir standen staunend, und mein Vater sparte nicht mit Worten der Bewunderung. Der Herr Hofjuwelier lachte übers ganze Gesicht in der begreiflichen Genugtuung des glücklichen Besitzers:

„Süperb ausgedacht vom Meister Gärtner, nicht wahr? Unten im Hof drehn ein paar Leute die Kurbel einer Maschine, hier oben rauscht es, und dabei füllen sich im ganzen Haus auch noch allerlei Behälter, sodaß die Weiber mit Eimern und Bütten kein beschwerlich Gelaufe mehr haben." Der mächtige Mann, breitbeinig dastehend in seinen prallen Hosen und in seiner Perücke, lachend, daß ihm der Leib hüpfte, schwitzend in der Hitze des Dachgartens, wahrlich, er hatte etwas, das an alte Göttergeschichten erinnerte. Ja, und was ich erst jetzt entdeckte: er hatte nicht nur ein Kinn, er hatte ein doppeltes.

Nun fehlte nur noch, daß das Glockenspiel zu tönen anhob und die Windmaschine sich drehte. Das Glockenspiel blieb noch immer stumm; die Wetterfahne aber fuhrwerkte plötzlich ein wenig hin und her, so, als ob sie noch unschlüssig wäre: soll ich oder soll ich nicht? Und alsbald sollte sie auch wirklich; denn die Sonne hatte sich verdunkelt, ein schwüler Wind stieß um die Schornsteine, ein Gewitter schien im Anzug.

Selbiges war auch die Ursach, die uns schnell vom Altan vertrieb. Mein Vater, welcher der eigentlichen Absicht seines Besuches selbstverständlich längst in vielen wohlgesetzten Worten Genüge getan, wollte für sich und mich den Abschied nehmen. Das wurde aber nicht zugelassen. Zum mindesten müsse Mosjö Mauritius, wie der Hausherr im Heruntersteigen meinte, noch die Wirkung der Windmaschine unten in der Stube bewundern; der Herr Schwager, der die Sache ja kenne, werde ein Gläschen Tokayer nicht verschmähen. Unten in der Stube des vierten Stockwerks, die offenbar einen Teil der Werkstatt des Herrn Hofjuweliers darstellte, herrschte ein merkwürdiges Zwielicht. Schränke mit vielen Fächern, ein großer Tisch am Fenster, auf dem es von Kristallen und Steinen glitzerte, Gestelle mit allerlei Handwerkszeug, Bilder an den Wänden, Stiche, Architekturen aus fremden Städten zeigend, und oben an der Decke eine sauber aufgemalte Windrose, unter welcher in der Tat, verbunden mit einer kleinen Messingscheibe, ein großer metallener Zeiger hin und her zitterte. Aus seinem Gezitter war ohne Zweifel zu entnehmen, daß er sich bemühte, die Richtung Nordwest anzuzeigen, also: Unwetter aus Nordwest! Das Meisterwerk des Herrn Hofmechanikus! So einzig in seiner Art im ganzen Lande, wie dieses Haus ein einmaliges Kuriosum prästierte unter allen Patrizierhäusern der Residenz! Wir schieden mit großem Dank.

Als uns der Herr Hofjuwelier zur Treppe geleitete, erscholl scharfes Gehämmer hinter einer Tür. Er stieß seinen großen Daumen rückwärts in diese Richtung: „Dort arbeitet zur Zeit mein jüngster Bruder mit, der Christoph. Ist ein exzellenter Emailleur. Auch mein andrer Bruder, der Georg, ist zur Stunde da. Er werkt unten in den Gewölben, wo die Hauptwerkstatt ist. Hab ihn gerufen aus der Heimat. Das goldne Teezeug muß ich fertig bringen bis Weihnachten, der König drängt. Sollen meine Brüder mir die übrige Arbeit abnehmen." „Sind Ihre Brüder nicht beide verheiratet in Ihrer Heimat Biberach?" „Freilich. Aber ich lieg ihnen Tag für Tag in den Ohren: Sollen nach Dresden ziehen mit Sack und Pack. Sollen ihre Weiber und Kinder mitbringen." Lachend: „Der eine hat fünf, der andre acht! Aber ich werde schon für Unterkunft sorgen. Die beiden könnten hier fürtrefflich florieren." „Sie sagten vorhin, die Schwaben gingen gern außer Landes", bemerkte mein Vater. „Ja, aber vorläufig denken die beiden noch: Wer weit nausgeht, hat weit heim. So spricht man bei uns zu Hause." Unten im Erdgeschoß kam Arbeitsgeräusch aus mehreren Räumen. Auch fiel mir jetzt eine fast mannsgroße Waage auf, die im Halbdunkel stand. Dazu Kisten und Truhen in ziemlicher Menge am Durchgang zum Hofe. Der Hausherr winkte nach hinten: „Will der Herr Schwager noch die Maschine zum Wasserheben sehen?" Ich für meine Person hätte auch diese gern zur Kenntnis genommen. Und überhaupt: Was mochte das seltsame Haus noch alles verbergen? Mein Vater aber, der offenbar Sorge hatte, mit seinem besten Frack in den Regen zu geraten, schützte das drohende Wetter vor und machte sein Abschiedskompliment. So blieb auch mir nichts andres übrig. Wir wurden freundlich eingeladen, bald wiederzukommen. „Auch der Mosjö Mauritius mit", hieß es ausdrücklich.

Draußen auf der Straße wirbelte der Wind dicke Staubwolken auf. Papierfetzen drehten sich im Kreise. „Nun aber schnell heim!", sagte der Vater und drückte seinen Dreispitz fest auf die Perücke. Als ich einen letzten Blick die schmale Dreifensterfront des Dinglinger-Hauses emporschickte, kam ein seltsamer Ton aus der Höhe, ein vielstimmig dröhnender Ton wie Klagen und Jubeln zugleich, eine Zaubermusik. Und plötzlich wußte ich Bescheid: „Das Glockenspiel, Herr Vater, das Glockenspiel!" „Komm, komm", sagte der nur mit gesenktem Kopf, hielt sich den Hut und strebte weiter. Kurios, daß das Dröhnen, welches sich stoßweise wiederholte, ihm keinen Eindruck machen wollte! Ich jedenfalls wußte, was es bedeutete: Das Haus schickte mir seinen Abschiedsgruß nach, das Haus mit den vielen Wundern wünschte, daß ich wiederkäme! Das geheimnisvolle Goldschmiedhaus!

Nachdem mein Vater seinen besten Frack in Sicherheit gebracht hatte – Regen, Blitz und Donner setzten glücklicherweise erst ein, als wir unser Haus erreicht – zeigte er sich wieder umgänglicher. Am Abendtisch, nachdem das Gewitter vorüber, berichtete er der Mutter nicht ohne Genugtuung über den Nachmittag. Daß die Dinglingerin nicht daheim gewesen, verwunderte die Mutter nicht weiter; die Frau Anna Dorothea, die Tochter des alteingesessenen Juweliers Rachel, von dem der Dinglinger seinerzeit nicht nur die verwöhnte Mamsell, sondern auch das Haus in der Frauengasse übernommen, habe von jeher eine Vorliebe für Visiten und dergleichen Dinge gehabt. Aber sie sei dem großen

Mann doch eine gute Ehefrau geworden, und daß ihre beiden kleinen Mädchen ihr voriges Jahr an einem Tage weggestorben, sei ein harter Schlag für sie gewesen. Es liege bei den vielen Gästen, die bei dem Dinglinger einsprächen, auch sonst viel auf ihr. Ich fragte den Vater nach dem kunstfertigen Hofmechanikus.

Ja, er wohne gar nicht weit von uns. Drüben auf der Moritzstraße. Er sei ein stachliger alter Herr, der schrecklich viel Tabak rauche. Ich fragte nach den Bildern in des Herrn Hofjuweliers Windmaschinen-Stube. Das seien, soweit er sich entsinne, Ansichten gewesen aus den Städten, wo der Herr Dinglinger früher gearbeitet, Straßen und Kirchen aus Augsburg, Nürnberg, Paris, wo er Geselle gewesen bei namhaften Meistern. Und das breite schmale Bildchen über dem Arbeitstisch? Eine kleine Stadt mit vielen Türmen und einer Mauer, die sich den Berg hinaufzog? „Was der Junge nicht alles ausspioniert hat! Das wird wohl seine Heimat Biberach gewesen sein. Eine Mauer, die sich den Berg hinaufzog, sagst du?" „Ja, mit Türmen. Und vorn ein kleiner Fluß mit einer Brücke?" „Das ist bestimmt ein Prospekt seiner Heimat Biberach gewesen. Er hat mir ihn früher mal gezeigt. Auch das Haus, drin er geboren. Er hält große Stücke auf seine kleine Vaterstadt. Biberach ist übrigens wie Nürnberg und Augsburg eine freie Reichsstadt!" „Eine freie Reichsstadt! Was ist das, Herr Vater?" „Glaub wohl, daß du das nicht weißt; sowas gibt's bei uns schon lange nicht mehr. Eine Stadt, die keinem Landesherrn, sondern nur dem Kaiser untertan sein mag nach verbrieftem Recht." „O, Herr Vater, da sind die Leute dort wohl sehr stolz?" „Ist er stolz, unser verehrter Herr Verwandter? Nein, gewiß nicht. Aber er hat was an sich, was die Leute hier nicht haben." „Er ist, seit ich ihn kenne", lächelte die Mutter, „ein halber Frei-Herr gewesen. Und auch stolz. Und zwar stolz auf seine Kunst wie der Permoser, welcher sagt: Einer ist König, einer ist Künstler, das ist genau dasselbe." Ich fragte nach dem goldenen Teeservice für den König, von dem der Herr Hofjuwelier gesprochen, bis Weihnachten müsse es fertig sein. Nun, bis dahin sei es noch lang! „Ja, mein Junge, über das Teeservice weiß ich zufällig genauer Bescheid, spricht doch die ganze Stadt davon." „Sollen nicht fünfundvierzig Einzelstücke dazu gehören", fragte die Mutter. Der Vater nickte: „Fünfundvierzig Einzelstücke. Ein Service für sechs Personen und allem, was dazu gehört, Büchsen, Dosen, Löffel, alles aus purem Gold und mit Juwelen verziert. Die Teekanne soll bereits fertig sein, mit emaillierten, in Brillanten eingefaßten Phantasieporträts an den Seiten, der Henkel kunstvoll aus durcheinandergewundenen Schlangen. Auch ein Teenäpfchen soll fertig sein – Diamanten als Füßchen soll es haben." „Diamanten als Füßchen! Mon dieu, was soll das alles kosten?" Die Mutter hob beide Hände. „Wird's der König auch bezahlen können? Nachdem ihn die Polnische Krone soviel gekostet! Nachdem er sich wieder in einen Krieg eingelassen!" „Sechsundvierzigtausend Taler!" sagte der Vater, fast flüsternd, und zog jede Silbe in die Länge, „sechsundvierzigtausend Taler Honorar soll der Dinglinger kriegen, wenn die Arbeit den allerhöchsten Beifall findet!" „Sechsundvierzigtausend Taler!", schrie die Mutter auf und schlug die Hände zusammen. „Und Krieg mit den Schweden! Und kein Geld unter den Leuten! Und zum zweitenmal ein dürres Jahr!"

Mit diesem mütterlichen Aufschrei, den ich noch zu hören glaubte, als ich schon lange im Bett lag, endigt für mich die Erinnerung an jenen Tag, da ich zum Herrn Hofjuwelier, meinem verehrten Verwandten, zum erstenmal in Beziehung trat. Sechsundvierzigtausend Taler Honorar! Dem Buben von damals schien das ganz und gar nicht zuviel für einen solchen großen Mann. Und dabei hatte der große Mann seinen Besuchern nicht das kleinste Stück seiner kostbaren Kunst vor die Augen gestellt!

II
DER GEBURTSTAG DES GROSSEN MOGUL

Hilfsbibliothekarius Moritz Rüger berichtet: Als der Herr Hofjuwelier in den Weihnachtstagen des Jahres 1701 zu Warschau seinem königlichen Gebieter das goldene Teeservice höchstpersönlich ablieferte, fand seine Arbeit den ungeteilten Beifall des Bestellers. Derselbe zuckte nicht mit der Wimper, als er die kurfürstlich sächsische Rentkammer zu Dresden anwies, dem Verfertiger die vereinbarte Summe bis Peter und Paul des Jahres 1703 in Raten pünktlich auszuzahlen. Ehe sich der Herr Hofjuwelier auf die Reise gemacht, hatte er Verwandten, Freunden und unterschiedlichen Standespersonen Gelegenheit gegeben, das vollendete Opus in seinem Hause zu besichtigen. Unter denen, die sich diesen Genuß nicht entgehen ließen, war mein Vater, welcher nicht verfehlt hatte, seinen einzigen Sohn wieder mitzunehmen. Die Rufe des Entzückens und der Bewunderung, welche das Prachtstück auslöste, liegen mir heute noch in den Ohren. Es präsentierte sich auf einem Tisch von grauem Marmor in einem subtilen Aufbau aller Einzelteile wie ein Göttergeschenk und funkelte und glitzerte über die Maßen. Waren doch nicht weniger als fünftausendsechshundert Diamanten über den Goldglanz der Näpfe, Schalen, Zuckerdosen, Fläschchen, Becherchen, Löffelchen kunstvoll verstreut.

Später brachte es der König von Warschau wieder mit nach Dresden, wo es, wenn nicht in Gebrauch, im Grünen Gewölbe, wie die königliche Schatzkammer nach dem grünen Anstrich der Wände genannt wird, bei anderen pretiösen Dingen seinen Ort hat. Wie unser pompöser Augustus durch den Preis dieser Kostbarkeit nicht erschüttert worden war, hatten ihn auch die Wechselfälle des Krieges, den er als Verbündeter Dänemarks und Rußlands mit den Schweden führte, insonderheit die Niederlage der sächsischen und polnischen Truppen bei Klissow und Pultusk und die Besetzung unseres Landes durch den nordischen Feind, nicht weiter aus der Fassung gebracht. Nicht einmal die Tatsache, daß der martialische Karl seinen Schützling Leszczynski zum König von Polen wählen ließ und unsern Augustus vom Thron der Jagellonen herabwarf, hat selbigem seine sprichwörtliche Amüsierlaune und den Glauben an seine östliche Mission stark beeinträchtigen können. In der Tat scheint das Schicksal seinem Optimismus rechtgeben zu wollen. Nach der blutigen Niederlage, welche der Großzar Peter den Schweden bei Pultawa beigebracht, fangen sie an, Sachsen zu räumen, und das Ansehen des Leszczynski in Warschau ist, wie berichtet wird, das eines Schneemanns in der Sonne.
So wird hier in Dresden auch dem goldenen Teeservice nicht viel Ruhe gegönnt. Die Festivitäten, Assembleen, Redouten haben, seitdem der Souverän nicht mehr nach Polen verreisen kann, sogar zugenommen, und die diversen Capricen der Mätressen geben noch immer den Ton an. Auf die Gräfin Königsmarck war, nicht zuletzt aus Ursache politischer Erwägungen, eine Polin, die Fürstin Lubomirska, gefolgt. Seit drei Jahren steht die Cosel, eine geschiedene von Hoym, im Brennpunkt der allerhöchsten Gunst. Die Kurfürstin Christiane Eberhardine, die eine fromme Frau ist, hat sich grollend auf ihr Schloß Pretzsch an der Elbe zurückgezogen. Das Volk seufzt über den Steuerdruck,

der niedere Adel ist unzufrieden, Handel und Wandel liegen durch die Kriegsnöte darnieder. Aber der König in seiner Unverwüstlichkeit glaubt, auch dieser Miseren Herr zu werden. Und auch hier lassen sich die Dinge an, als sollte es nach seinem Willen gehen. Bekanntlich hat er vor Jahren seinem preußischen Rivalen in Berlin, dem neubackenen König Friedrich Wilhelm, einen Goldmacher namens Böttger aus den Fängen gezogen. Selbiger Adept, der allen Ernstes vorgibt, das Geheimnis einer willkürlichen Metallverwandlung entdeckt und das wunderwirkende Projektionspulver in Besitz zu haben, ein junger Apothekerlehrling aus dem Reußischen, wird seit Jahren gefänglich einbehalten, nachdem man ihn mit aller zur Goldbereitung erforderlichen Materie reichlich versehen. Wo überall hat man ihm nicht schon Laboratoria eingerichtet; im Bünauschen Haus, im Palais des Fürsten von Fürstenberg, des Statthalters, im Schloß und zwar in den Gewölben, wo schon der längst zu seinen Vätern versammelte Kurfürst August experimentiert! Schließlich, nachdem der Unbotmäßige eines Nachts heimlich echappiert, in Ens an der Donau aber wieder eingefangen worden, auf der Festung Königstein. Als sich herausgestellt, daß der Böttger daselbst sich weniger um seine Kolben und Tiegel gekümmert, um so mehr aber mit den unterschiedlichen Staatsgefangenen, so die Festungskerker bevölkern, konspiriert, hat man ihn wieder weggenommen und in der Jungfernbastei auf dem Dresdner Wall untergebracht. Auch hier hat man mit ihm, der ein hitziges Temperament hat und ein unmäßiger Trinker und Tabakraucher ist, alle erdenkliche Not gehabt, bis das Unglaubliche geschah. Der wüste Laborant wußte wohl, daß er, falls er nicht endlich einige Facta aufzeigen könnte, sich des ungehemmten Zorns des Monarchen, der nicht länger gesonnen, sich hinhalten zu lassen, zu gewärtigen habe. So legte er sich plötzlich unter Assistenz des kunstreichen und gelehrten Herrn von Tschirnhaus, der sich schon seit geraumer Zeit für alle Experimente des Häftlings höchlich interessiert, aufs Porzellanmachen. Wußte er doch, wie sehr der Monarch diese allein von den Chinesen gekannte Kunst schätzte und was für schwindelnde Summen er für diese seine Liebhaberei ausgab! Ich sagte: Das Unglaubliche geschah: Der entlaufene Apothekerlehrling und vergebliche Adept Johann Friedrich Böttger ist zur Stunde dabei, Porzellan herzustellen, das dem chinesischen an Wert und Güte gleichkommt, sage und schreibe: richtiges Porzellan. Der König ist überglücklich.

Sein scharfer spekulierender Geist hat sofort die Möglichkeiten erfaßt, welche die unerhörte Erfindung bietet: Eine ins Große getriebene Herstellung Böttgerschen Porzellans muß, nachdem die asiatische Konkurrenz ausgeschaltet, Unsummen Geldes einbringen. Die Staatskassen werden sich wieder füllen, die Wunden, so der Krieg geschlagen, werden sich schließen, die Millionen, die eine abermalige Bemühung um die polnische Königskrone kosten wird, werden nicht nur auf dem Papier stehen. Fortuna, seine olympische Patronin, habe ihn eben doch nicht im Stich gelassen, frohlockt er. Auf die vergeblichen Goldmacherkünste des Porzellanerfinders müßte man natürlich bei Gelegenheit zurückkommen; denn der Stein der Weisen, ist er nicht ebenso über die Maßen schätzenswert wie den Alten das Goldene Vließ und die Äpfel der Hesperiden? Den Stein der ewigen Glückseligkeit im eigenen Land, das Goldene Vließ im fernen Osten und die Äpfel der Hesperiden am westlichen Ende der Erde, das wäre so etwas für die ehrgeizigen Träume unsres Monarchen gewesen! Nun, was ihm nicht ganz bestimmt war, das wollte er wenigstens zum Teil haben. Das goldene Fell des Widders, das Sinnbild unerschöpflichen Reichtums, das der kühne Jason mit Hilfe der Zauberin Medea aus Kolchis heimbrachte, war zerstückelt seit Jahrtausenden. Wohl aber gab es am Kaiserhof zu Wien einen Ehrenpreis, der höchsten

Besitz bedeutete, den Orden vom Goldenen Vließ, mit dem sich nur die erlauchtesten Herrschaften schmükken durften. Um selbigen Orden bemüht sich, wie die Kanzleien wissen, unser Augustus schon seit langem. Das Tor der Welt an den westlichen Ufern des Ozeans, wo Atlas die Himmelskugel auf den Schultern trug und die Hesperiden die goldenen Äpfel bewachten, war durch die Entdeckung Westindiens längst zu einer Illusion geworden, ja die fabelhaften goldenen Äpfel, nunmehr Orangen genannt, verstand man neuerdings selber zu züchten.

So erfreute man sich bereits einer Orangerie, in der die seltenen Früchte in Kübeln gezogen wurden. So lag es nahe, den erfindungsreichen Pöppelmann zu beauftragen, einen Orangengarten anzulegen, der im Anschluß an den bisherigen Zwingergarten bis zur Elbe reichte und zugleich eine geräumige Arena für Ringstechen und andere Wettspiele und Aufzüge umschloß. Der Permoser, der schwerzubehandelnde, aber äußerst sinnreiche Bildhauer, sollte Tore, Treppen, Pavillons dann mit Figuren zieren.

Ja, und was den Dinglinger betraf, den goldenen Artifex, welchen im Hofdienst festgehalten zu haben heute noch zur Genugtuung gereiche – seine beiden talentvollen Brüder hatte man auf seinen Wunsch mit Kind und Kegel neuerdings ebenfalls nach Dresden gezogen und installiert –, für den Dinglinger würde sich wohl auch eine neue gloriöse Aufgabe finden, eine Aufgabe, die des Schweißes der Edlen wert wäre! Diese Aufgabe fand sich sehr bald: Zwei unternehmungslustige französische Gelehrte, Francois Bernier und Jean Baptiste Tavernier, hatten den fernen Osten bereist und ihre Forschungen und Erlebnisse kürzlich nacheinander in höchst lesenswerten Büchern ans Tageslicht gebracht. Insonderheit hatten sie den geheimnisvollen Schleier, der bisher Leben und Treiben des Großen Moguls von Hindostan, so man mit Recht für den reichsten und prächtigsten Potentaten der Erde hält, bedeckte, um ein Beträchtliches gelüftet. Selbiger Potentat, Aureng-Zeyb geheißen, hat übrigens im Alter von achtundachtzig Sommern unlängst das Zeitliche gesegnet.

Nun muß einer von unserm Augustus wissen, daß noch von den Jahren der großen Tour her, da er die Höfe Europas bereiste, sein Lieblingsbuch jener berühmte Roman war, der ähnliche Aspekte eröffnete, nämlich des fürtrefflichen Schriftstellers und bestallten Domprobstes zu Wurzen, Heinrich Anselms von Ziegler und Klipphausen „Asiatische Banise", seinem damals kurprinzlichen Bruder Johann Georg zugeeignet. Für den Prinzen Balozin, welcher berufen, im „blutigen, doch mutigen" Pegu die grausam gefangengehaltene Prinzessin zu befreien, mochte er, aller ritterlichen Künste Meister, sich noch heute halten. Wie denn auch der Plan eines Kaiserreiches, welches sich von Sachsen über die Türkei hinaus weiter in das Morgenland erstreckte, in seinem spekulativen Gehirn zuweilen spuken mochte. Er hatte kaum von den Berichten der Bernier und Tavernier Kenntnis genommen und sich dabei besonders erlustiert über die exzellente Geburtstagsfeier des Großmoguls, so darin die subtilste Beschreibung gefunden, als er auch schon seinem Dinglinger den Auftrag gab, selbige staunenswerte Zeremonie in Gold, Silber und Edelsteinen bis ins Kleinste nachzubilden. Wie gesagt, was er im Ganzen nicht haben konnte, verlangte er wenigstens zum Teil; was im Großen für ihn unerreichbar, das wollte er zum mindesten im verjüngten Maßstab besitzen.

So arbeitete der Herr Hofjuwelier, mein verehrter Verwandter, denn bereits seit länger als Jahresfrist an einem Werk der Goldschmiedekunst, das bestimmt schien, alles bisherige in den Schatten zu stellen. „Der Haushalt des Großmoguls zu Delhi" sollte es heißen, aus nicht weniger als hundertzweiunddreißig Einzelfiguren, die dazugehörigen Kulissen und Präsentstücke nicht gerechnet, sollte es bestehen. Der Phantasie des

Meisters suchte man durch wasserfarbene Bildchen aus dem Orient, so man in der Schatzkammer vorgefunden, zu Hilfe zu kommen. In der Hauptsache aber war er auf die Bände der beiden Reisenden angewiesen. Da er nun des Französischen nicht gar mächtig, hatte er sich nach einem Mitarbeiter umgesehen, der kapabel, ihm den Stoff zu verdeutschen und auch sonst in wissenschaftlicher Hinsicht ein wenig an die Hand zu gehen. Und auf wen war er verfallen? Zu meiner ungemeinen Beglückung auf meine Wenigkeit, hatte ich mich doch, nachdem ich das Kreuzgymnasium mit Erfolg durchlaufen und durch Bemühung meines Vaters eine Stelle in der Hofbibliothek erhalten hatte, mit Lust und Eifer antiquarischer Studien befleißigt und auch meine Kenntnis fremder Sprachen zu vermehren gesucht. Als Kollaborator, dem jederzeit Zutritt zu gewähren, ging ich nun im ehemals so bewunderten Hause an der Großen Frauengasse aus und ein, und mancherlei Geheimnisse der vier Stockwerke hatten sich vor meinen Augen inzwischen ein wenig gelichtet.

Das größte Geheimnis war und blieb das Zimmer mit der Windfahne, das der Herr Hofjuwelier als seine eigentliche Werkstatt betrachtete und wo er gerne mit Pinzette und Feile allein sein Wesen trieb. Dann saß er an seinem breiten Fenstertisch, in Hemdärmeln ohne Perücke, die Weste unter dem Doppelkinn und dem starken Hals weit offen, werkte und schnaufte. Obwohl seine Hände groß wie Straußeneier, waren sie doch der subtilsten Arbeit fähig. Wie komm ich aber zu dem Vergleich mit Straußeneiern? Solch kostbare exotische Dinge, auch Muscheln, Korallen, Bernsteinstücke, füllten ringsum etliche Regale. In Schränken, zum Teil auf Samt gebettet, waren die Juwelen untergebracht, soweit sie sich nicht auf der Tischplatte häuften; selbige blitzte stets ein wenig von Metallstaub. Oft zeichnete er auch an einem anderen Tisch auf weiße Blätter, was in Gold getrieben, mit Email überschmolzen, mit

Brillanten gefaßt werden sollte; in der Zeichenkunst konnte er sich ebenfalls sehen lassen. Gleich zu Anfang meiner Hilfeleistung hatte ich ihm ein Verzeichnis herstellen müssen erstlich aller Personen, die auf Grund der französischen Reisebücher an der Geburtstagsfeier des Moguls beteiligt gewesen, und weiterhin aller Räumlichkeiten, innerhalb deren sich die Festlichkeit vollzogen, vom Pfauenthron des Großmächtigen bis zu den äußersten Geländern des Vorhofs. All das hatte er fein säuberlich in Zeichnungen umgesetzt und, soweit er die Aufgabe nicht selber zu traktieren gewillt, an die Schar seiner handwerklichen Mitarbeiter weitergegeben, als da waren seine beiden Brüder, vollgültige und erfahrene Meister ihrer Kunst, und nicht weniger als sechzehn Gesellen. Die Gesellen, die unter der besonderen Aufsicht des älteren der beiden Brüder standen, werkten in der Hauptsache in den Gewölben des Erdgeschosses, wo es denn manchmal ziemlich munter zuging.

   Nun muß ich wohl auch von den brüderlichen Mitarbeitern des Herrn Hofjuweliers kurz berichten. Sie hatten sich also überreden lassen, mit Weib und Kind nach Dresden zu übersiedeln, und sie hatten die beschwerliche Reise schließlich nicht ungern angetreten, spülte doch der Krieg, der im Süden des Reichs um die spanische Erbfolge ging, seine schmutzigen Wellen nachgerade auch bis an die Mauern von Biberach. Meister Georg Friedrich, zwei Jahre jünger als der zweiundvierzigjährige Herr Hofjuwelier, ist ein stattlicher Mann von breitem Format, seinem älteren Bruder nicht gar unähnlich, nur nicht so hochgewachsen, auch muß er zu Feinarbeiten eine Brille aufsetzen. Meister Georg Christoph, abermals zwei Jahre jünger, scheint sein körperlich Widerspiel; er ist schmächtig, fast zierlich von Gestalt und von blasser Gesichtsfarbe, trägt aber das Kennzeichen aller Dinglingerschen, eine überaus kräftige breitrückige Nase ebenfalls mit Grandezza vor sich her. Beide haben ansehnliche Frauen und zahlreiche Kinder mitgebracht, der erste sechs, der zweite acht, ist aber eins, ein Mädchen, gleich nach der Ankunft in Dresden gestorben. Wohnung genommen haben sie in einem neuen, von Pöppelmann eben unter Dach gebrachten steinernen Hause am Jüdenhof, wo überm Brunnen Irene, die Friedensgöttin, steht, die man seit der siegreichen Rückkehr der sächsischen Truppen aus dem Türkenkrieg, was schon unter Johann Georg III. geschehen, zur Bellona gemacht hat. Beiden Dinglingerschen Brüdern ging ein kunstreicher Ruf voraus, beide hatten sich schon früher in ihrer Vaterstadt vorzüglich in emaillierten Bildnissen und Emailmalereien ausgezeichnet, woraus zu folgern, daß die freie Reichsstadt Biberach eine zünftige Heimat der edlen Goldschmiedekunst schon immer gewesen. Beide machten ihrem Ruf nun auch in der Residenz alle Ehre, und der Herr Hofjuwelier hatte schleunigst dafür gesorgt, daß man sie durch Dekret als Hofkünstler privilegierte und in ihrer Position befestigte. An die gewünschte Fertigstellung des Großmogulischen Haushalts bis zum Geburtstag des Königs wäre ohne ihre Mithilfe gar nicht zu denken gewesen.

Amüsant, wenn alle drei Dinglinger miteinander diskutieren, dann sprechen sie schwäbisch, was zuweilen gar nicht leicht zu verstehen ist. Von meinem Herrn Hofjuwelier höre ich's vor allem gern; das ist dann stets ein Zeichen, daß er besonders guter Laune. Der bewußte Geburtstag fällt auf den 12. Mai, ist der König doch, was jeder leicht glauben mag, im Zeichen des Stiers geboren. So war kurz vor Pfingsten der Termin gekommen, daß sich das excellente opus, das ohne alles Vorbild und ohne jedes Beispiel ist, in seiner Gesamtheit, etwa einen Quadratmeter im Geviert, auf einer Platte reinen Silbers öffentlich präsentierte. Ist demnach nun wohl der Anlaß gegeben, eine Beschreibung des Wunderwerks herzusetzen.

Aureng-Zeyb, der Großmogul von Delhi, feiert also seinen Geburtstag. Er sitzt in einem überaus präch-

tigen Habit mit untergeschlagenen Beinen auf einem rötlichen Opal als Kissen; unter dem Baldachin seines goldenen, mit Diamanten verzierten Throns sitzt er und sieht in orientalischer Gemütsruhe den Huldigungen seiner Fürsten, Grafen und Barone entgegen. Zu dem Thron, den in buntem Gestaffel Schwert- und Spießträger bewachen, führen silberne Stufen empor; der Baldachin, mit Perlen und Rubinen durchwirkt, wird von einem dreigeteilten Säulenbau herab durch zwei bronzene Drachen gehalten. Hinter dem Sitzenden zeigt sich eine große Sardonix-Platte, auf welcher eine Juwelensonne gleich einem Feuerwerk Strahlen wirft, des Großmoguls Symbolum. In den drei von diesem Throne stufenweise abfallenden, durch Gitter getrennten Palasthöfen vollzieht sich alsbald der wimmelnde Aufmarsch der Gratulanten. Da naht unten links von vier Bedienten auf einem Sessel getragen, unter einem mit Rot und Gold emaillierten Baldachin Chan Chanon, der Fürst der Fürsten, um seine Geschenke, so man ihm voranschleppt, zu offerieren: zwei überaus künstlich gearbeitete Pyramiden, die den Sonnen- und Mondwagen darstellen. Ihm folgt, ähnlich befördert und geleitet, Mir Miron, der Herr der Herren, der einen weißen Elefanten und ein türkisch ausgeputztes Kamel als Präsente herbeiführen läßt. Chani Alem, der Fürst des Volkes, und der Primo-Vezier oder Reichskanzler, die von der anderen Seite unter goldbordierten, mit Violett und Gold emaillierten Baldachinen heranschreiten, gedenken, edle Jagdpferde und -hunde anzubieten. Es stehen bereits weiter oben am Aufgang des Throns Wasan bassi, der Schatzmeister, Rassi, der Stallmeister, Nassier, der Hofmeister, und Nabob, der Herr der zwölftausend Rösser, jeder unter einem besonders gefärbten Baldachin, von gleichgekleideten, mit Palmwedeln fächelnden Dienern umgeben, während Omrahm Nabob, der Stadtpfleger, bäuchlings, auf den Stufen liegend seine Reverenz erweist. Unter ihren Präsenten tun sich hervor große und kleine mit Brillanten gerahmte Spiegel, Vasen und Schalen aus Jaspis, zwei Pokale von Granaten, zwei Pokale aus Bergkristall, eine silberne Schlag- und Repetieruhr, ein Kaffeezeug aus purem Gold. Dazu Leoparden, Affen, Meerkatzen, von phantastisch gewandeten Mohren an der Leine geführt, alles in den unterschiedlichsten Farben, alles mit Email überzogen, alles mit Gold, Edelsteinen, Perlen sinnverwirrend dekoriert, jede Figur daumengroß in der natürlichsten Bewegung, jedes Ding sich spiegelnd in den blinkenden Seitenwänden oder auf dem silbernen Untergrund. Und mitten in der Ausbuchtung der untersten Balustrade, dem Großmogul genau in die Blickrichtung gestellt, noch etwas besonders Kuriöses: Eine hohe, kunstvoll aus Eisen geschnittene Waage mit zwei Schalen. Wozu? Um das Lebensgewicht des Jubilars auszuwiegen gegen Gold, Silber und Reis. Selbiges wird am Schluß des Festes unter die Armen verteilt, auf daß wieder zwölf Monde lang unter selbigen der Wunsch wach und munter bleibe, der mildtätige Herr möge das Jahr über ein paar Pfund zunehmen zu ihren und seinen Gunsten. Zwei feiste Eunuchen bewachen die Waage; etliche Hungergestalten stehen dabei und starren auf das Gewicht. Diese komische Szene hat dem Herrn Hofjuwelier in seiner fröhlichen Art besonderen Spaß gemacht, wie er auch den Großmogul und die Granden des Reiches mit selbsteigenen Händen gebildet.

   Herrn Georg Friedrich ist vor allem die diffizile Architektur des Hofhalts zu danken, und Herr Georg Christoph ist unter anderem der Schöpfer aller vierbeinichten Kreaturen, so den Aufmarsch beleben. Der Herr Hofjuwelier war es auch, der von vornherein darauf bestand, daß an der Hinterwand des Ganzen eine kleine Metallplatte angebracht werde, auf welcher die Namen der Hauptverfertiger zu lesen, also nicht nur der seine, sondern auch die Namen seiner beiden Brüder. Wie unser Meister überhaupt jederzeit darauf aus ist, jedem das Seine zukommen zu lassen, seien es Dinge der Materie, sei es Lob und Erkenntlichkeit.

So wird nun die erlesene Kostbarkeit unserm Augustus rechtzeitig zu seinem Geburtstag präsentiert werden können. Bei der Festtafel wird sie vor den Plätzen der allerhöchsten Herrschaften, welchen nach höfischer Sitte niemand gegenüber sitzen darf, aufgebaut werden. Wie der Herr Hofjuwelier zu seinem vereinbarten Honorar kommen wird – es soll sich, wird geflüstert, um sechzigtausend Taler, alle Unkosten inbegriffen, handeln – ist eine andere Frage. Bis jetzt wartet er auf die letzte Rate seines Honorars für das Goldene Teeservice, das doch mit dem neuen Werk nicht im entferntesten zu messen, noch vergeblich; sie ist vor fünf Jahren fällig gewesen. Zum besseren Verständnis der großmogulischen Zeremonie und aus der Erwägung, daß niemand, der an das Kunstgebilde herantritt, alsogleich den Zweck und tieferen Sinn aller angebrachten Zierate und Symbole verstehen mag, sintemal dem kleinsten und verstecktesten Ornament eine tiefsinnige Bedeutung innewohnt, habe ich im Auftrag des Herrn Hofjuweliers eine umständliche und sehr ausführliche Beschreibung des Ganzen verfaßt, die, auf Pergament gedruckt, bei der Ablieferung mit überreicht werden soll. Meiner Meinung nach hat sich der geschätzte Artifex diesmal selbst übertroffen.

Nicht ganz derselben Meinung ist der Balthasar Permoser, der von Zeit zu Zeit seinen struppigen Bart in die Dinglingersche Werkstatt steckt und dem der Hausherr trotz des Unterschieds der beiderseitigen Temperamente sehr gewogen ist. Er bewunderte wohl, als er kürzlich die Schaustellung sah, die Akkuratesse, mit der jede Figur und jedes Einzelding, sonderlich, was die großmogulischen Präsente betrifft, gestaltet, und die Juwelenpracht der unterschiedlichen Stücke hatte es ihm sichtlich angetan; das Ganze aber nannte er mit einem abscheulichen Geschlenker seiner langen dürren Arme, einer für ihn charakteristischen Grimasse, „eine Puppenstube für den Oberbonzen zum Spielen." Unser Meister, der gerade dazukam, lachte natürlich über das Wort; aber den Permoser, der gerade einen seiner zwiespältigen Tage hatte, ärgerte das Lachen; er warf den zottigen Kopf herum und sagte in seiner derben bayrischen Art: „Sie werden dem Hochmögenden noch die Stiefel lecken, das seh ich kommen!" „Ich denke nicht dran", sagte unser Meister ruhig, „aber warum soll ich nicht eine Materie zu Kunst machen, eine Materie, die auch mich afficiert?" „Er spielt ein paar Tage damit, dann wirft er's weg", grollte der Bartmann. „Ob er damit spielt oder nicht, ist mir gleich. Ich hab's gemacht nach bestem Vermögen. Nun steht's da und beruft sich auf sich selber". „Außerdem wird es später im Grünen Gewölbe stehn und die Bewunderung der Welt auf sich ziehen", erlaubte ich mir einzuwerfen. „Bewunderung der Welt", hohnlachte Permoser, „Bewunderung der Welt? Der Künstler hat überhaupt nicht nach Gunst und Willen der Welt zu fragen. Und nach dem Mutwillen eines solchen Miniatur-Sonnenkönigs schon gar nicht!" „Sind Sie nicht dabei, sein Reiterstandbild auszuhauen?" fragte der Herr Hofjuwelier und zog die Brauen hoch. „Eben nicht!", spektakelte der andre mit großem Armgeschlenker, „eben nicht! Hab ihm den Krempel vor die Füß' geschmissen. Wollt' mir auf einmal dreinreden, der Allesbesserwisser. Ich verstünd' nichts von Rössern! Ha!"

Wie wir tags darauf hörten, hatte der Jähzornige tatsächlich die Arbeit Hals über Kopf aufgesagt, zumal er erfahren, daß der König noch einen anderen Bildhauer mit Entwürfen eines solchen Standbilds beauftragt; er hatte bei der Gelegenheit im alten Reithaus am Zwinger, das man ihm für sein Vorhaben eingeräumt, mit dem Meisel sämtliche Fenster zerschlagen! „Den Auftrag hatten Sie aber doch angenommen", sagte unser Meister. „Ein springendes Pferd mit einem Reiter, überlebensgroß! In Marmor!", fuhr der andre hoch,

„wer soll einen solchen Auftrag nicht annehmen?"
„Ob groß oder klein", lächelte der Herr Hofjuwelier ob seines leichten Sieges, „in der Kunst, will mir scheinen, kommt es allein auf die Kunst an. Und auf die Schönheit, die sie prästiert, die Schönheit, die den Göttern gefällt. Ich hab mir auch von denen da oben nicht dreinreden lassen; wollte doch der Fürstenberg durchaus, der Großmogul da sollt' Augusts Gesicht haben. Ich hab's ihm nicht gegeben, wie Sie sehen". „Der Kleine da hat einen Bart wie Sie", setzte er scherzend hinzu, ja er schmunzelte schwäbisch, als er fortfuhr: „Wenn auch keinen so schönen." Dem Großmogul hingen zwei dünne Haarfäden in chinesischer Manier trübselig über die Mundwinkel. „Gefällt Ihnen etwa mein Bart nicht?", schrie der andre und verdrehte die Augen, denn in Sachen seines Bartes – das wußte jedermann – war er überaus empfindlich. „Permoser, bleiben Sie bei der Sache", sagte Herr Dinglinger. „Ich wollt' nur dokumentieren, daß ich nicht beabsichtige, was Sie befürchten; ich werd' unserm Allerhöchsten ganz gewiß nicht – die Stiefel lecken. Und gerade, daß er einen anderen künstlerischen Willen schließlich hinnimmt, daß er uns zu verstehen versucht, daß er Sie am End' doch so arbeiten läßt, wie Sie wollen, und den Pöppelmann und mich und schließlich auch den Goldmacher, den Böttger, das ist das, was mir an ihm gefällt. Aus selbigem Grund dien' ich ihm, auf selbige Art ist er einzig. Wenn es mir paßt, werd' ich vielleicht einmal sogar ihn selber porträtieren. Oder gar die Cosel." „Ach was!", brummte der Bildhauer verstockt, „ich geh nach Berlin. Der preußische König hat schon zweimal Boten nach mir geschickt!" „Also wieder ein Hochmögender, der einen Auftrag geben will!" Permoser knirschte mit den Zähnen. „Was ich aus meinem Willen schaff', kaufen sie mir ja nicht ab, die Luder!" Damit schob er sich, nicht ohne Verlegenheit, zur Tür hinaus. „Er dreht sich im Kreis", nickte unser Meister und sah ihm lange nach. „Aber ich wär' froh, wenn

sein kleiner Herkules aus Marmor, der die Schlange zerdrückt, von mir wär'!" „Der den Mund verzieht und das eine Auge zusammenkneift?", fragte ich. Wer kannte die vielberedete Statuette nicht? „Der Kunst ist und nichts als Kunst", sagte der Herr Hofjuwelier und stellte einige Figuren im Hofhalt des Moguls an eine andre Stelle. Dann ging er stumm und nachdenklich aus dem Zimmer.

Manchmal ist er mir wirklich zu bescheiden, mein verehrter Meister! Doch von seiner freundlichen Gelassenheit geht eine Kraft aus, die ich als einen wahren Segen empfinde. So muß ich es auch für eine Gunst des Geschickes halten, daß ich jederzeit in seinem Hause aus- und eingehen darf. Auf richtige Weise durch das Fernrohr zu blicken, hab ich längst gelernt, und das gelegentliche Georgel des Glockenspiels ist meinen Ohren vertraut. Da auch Frau Christiana Maria, geborene Schorerin, mir gewogen ist, die zweite Gattin, die der Meister nach dem vor drei Jahren erfolgten Tode meiner Frau Tante geehlicht, nehme ich seit Jahren an allem herzlich Anteil, was die Dinglingersche Familie betrifft, und in manchen Stunden fühle ich mich geradezu als zum Familienchronisten berufen.

So setze ich heute unter diesen Bericht: Am 22. aprilis 1702 war dem Hause der erste Sohn geboren worden, fast schon im Zeichen des Stiers wie unser pompöser Augustus, er wurde auf die Namen Johann Friedrich getauft. Drei Mädchen, Marie, Hedwig, Sophie, waren bereits vorhanden. Am 10. septembris 1703 erschien der Johann Gottfried, der ein kränklich Kind ist. Am 1. majus 1705 ließ der kleine Gottlieb seinen ersten Schrei hören, um schon am nächsten Tag für immer zu verstummen. Ihm folgte einen Monat später besagter Johann Gottfried und im nächsten Jahr die Mutter. Am 19. Januarii gegenwärtigen Jahres gebar Frau Christiana Maria ihr erstes Kind und zwar ein munter Mägdlein mit dunklen Haaren und sonderlich großen dunklen Augen, das drei Tage danach durch den Diakonus Magister Hahn von der Kirche zum Heiligen Kreuz getauft wurde und die Namen Katharina Regina erhielt. Nach den bei den vor vielen Jahren an einem Tage verblichenen kleinen Mädchen ist dies Töchterlein nun eine besondere Freude des Hauses; es reitet auf einem Steinbock ins steigende Licht.

III
HERKULES UND DIANA

Moritz Rüger, der Hofbibliothekarius, berichtet weiter: Den Knaben Herkules, der mit den kleinen Händen die Schlange zerdrückte, von Permoser zwei Ellen hoch in Marmor geformt, hatte Meister Dinglinger bewundert. Dem männlichen Herkules zuliebe schuf er in der Folgezeit etliche Prunkstücke, mit denen er neue Möglichkeiten in dem Zusammenklang von edlem Metall und edlem Gestein, womöglich noch unter Zuhilfenahme exotischer Naturprodukte, ausprobieren wollte. Es waren Konfektbehälter für die königliche Tafel, bei denen die eigentliche Schale, von einem mit allegorischem Schweifwerk durchsetzten hohen Fuß getragen, aus muschelartigen Steinen gebildet und von der Gestalt des Halbgottes bekrönt wurde.

Das eine Mal ließ er Herkules ausruhen in einer Onyxmulde; das andere Mal zeigte er den Helden als Drachen- und Löwentöter über einer Muschel aus gelblichem ägyptischem Jaspis. Das goldene Rollwerk am Schaft dieser zweiten Schale war umwunden von allerlei Perlengeschmeide, aus dem ein weißer Adler herauswuchs, der den höchsten polnischen Orden in goldenen Fängen hielt. Den höchsten polnischen Orden? Warum das? Weil unser Souverän seinen Willen durchgesetzt und den alten Thron der Jagellonen in Warschau von neuem bestiegen hatte. Die

Absicht, diesen politischen Erfolg mit künstlerischen Mitteln zu künden, wurde noch deutlicher, wenn man den goldgefaßten ovalen Spiegel, aus dem oben der Kampf des starken Mannes mit dem Wüstentier zurückstrahlte, von hinten besah; die Rückseite zeigte in schimmerndem Email das Bildnis des Fürsten, den der Volksmund den „Starken" und der gefällige Griffel der Gelehrten und Korrespondenten den „sächsischen Herkules" nannte.

Den seinem königlichen Gönner und Förderer nun einmal zugetanen Meister mochten die unverbrüchlichen, ebenso von Schwungkraft wie von diplomatischer Zähigkeit zeugenden Bemühungen unseres Augustus, aus allen politischen und wirtschaftlichen Verstrickungen herauszukommen, an die zwölf herakleischen Arbeiten erinnert haben. Die Überlieferung und die geschäftige Fama, die nicht müde wurde, immer neue Geschichten von des Augustus körperlicher Stärke in die Welt zu setzen, taten dazu das ihrige. Von den Erzählungen, die seiner ungewöhnlichen Körperkraft huldigen, sind die wenigsten aus der Luft gegriffen. Bereits als Kurprinz auf seiner Kavalierstour fiel er durch ritterliche Gewandtheit auf. Daß er in Madrid persönlich an einem Stierkampf teilgenommen, bezeugen seine Reisebegleiter. Daß er, ebenfalls noch als Kurprinz, in übermütiger Stunde durch die Neu-Stadt reitend, zwei Straßenjungen, die ihn bettelnd bedrängt, am Kamisol gepackt und links und rechts vom Sattel im Galopp über die Brücke ins Schloß befördert, während er den Zügel mit den Zähnen hielt, erzählt jedes Dresdner Kind; die erschreckten Buben wurden reichbeschenkt entlassen. Daß er bei den Festlichkeiten der Kaiserkrönung Josephs I. in Augsburg einem Bären mit einem Schwerthieb den Kopf vom Leibe getrennt, ist beurkundet, wie die Tatsache, daß er ein Hufeisen mit den Händen zerbrochen, durch ein Attest beglaubigt ist; das zerbrochene Hufeisen wird in der Schatzkammer vorgewiesen. Und daß er, erst vor kurzem, bei einer hier im Marstall abgehaltenen Sauhatz einen wütenden Eber, von welchem er sich anlaufen ließ, mit dem Degen niedergestochen, nachdem sein Fänger an der Hirnschale des Tieres abgeprallt, ist heute noch in aller Munde.

Über geheimnisvolle Beziehungen zwischen Menschen und Planeten ist schon viel publiziert worden. Will man solchen Spekulationen Glauben schenken, müßte kein anderer als Jupiter der Stern sein, dem das Wesen unsres Augustus zuzuschreiben, so wie der Mars etwa als der Stern des nordischen Karl anzusprechen wäre. Und in der Tat, wenn der ganze Habitus des Schweden nach allem, was man von ihm gehört, für martialisch gehalten werden muß, so ist die Art, wie unser Souverän sich gibt, durchaus jovialisch. Und Herkules, mit dem man ihn vergleicht, war selbiger nicht ein Sohn des Jupiter?

Wenn ich nun behaupte, daß der Herr Hofjuwelier ebenfalls den jovialischen Naturen zuzurechnen, – und niemand, der ihn näher kennt, wird das bestreiten –, erklärt sich ohne weiteres die Sympathie, welche beide Personen, den König und den Künstler, verbindet. So wird nicht weiter in Verwunderung setzen, wenn ich berichte, daß die nächsten Arbeiten unseres Meisters durchaus im Dienste des sächsisch-polnischen Hofprunkes standen. Da waren zunächst einmal – von goldnen Tabaksdosen gar nicht zu reden – unzählige Ordenssterne, der Adler aus Email, einzelne am Rand mit Brillanten besetzt, deren der Monarch, um sich im Schmuck der wieder erworbenen Krone aufs neue in Gunst zu setzen, ziemliche Mengen brauchte. Der Herr Hofjuwelier ließ dieselben durch die Bank von den Gesellen arbeiten. Da waren zahlreiche Stücke, die mit den beträchtlichen Trinkgelagen, die am sächsischen Hof schon zu kurfürstlichen Zeiten stark in Schwung gewesen, in Zusammenhang standen. Unser Augustus war kein Trunkenbold, wie – salve venia – einige seiner Vorgänger, aber er war ein

vorzüglicher Weinkenner, und so hatte es wohl einen Sinn, für ihn Gefäße herzustellen, die in ihrer edlen Form der edlen Flüssigkeit, so sich in sie ergießen sollte, entsprachen.

Unser Meister schuf unter anderen einen Drachenpokal aus Sardonix, eine Trinkschale aus Rhinozeroshorn, welche die Gestalt eines Schiffes hatte, eine Muschelschale, die von einer beinernen Mohrin mit schlanken Armen emporgehalten wurde, und zu Ehren des weinseligen Gottes, der seit je aller Gelage Meister, eine Vielzahl kunstvoller Becher, Schalen und Pokale, die in irgend einer Weise dem Kult des Dionysos, so die Römer Bacchus nannten, ihren Tribut entrichteten. Dem heiteren Bacchus gesellt sich gern Venus oder Aphrodyte. Die mächtige Göttin der Liebe hat am sächsischen Hof ebenfalls seit alters eine exzellente Rolle gespielt, wenn auch der Fall von Augusts Bruder Johann Georg, der den venusinischen Zauberkünsten der Sybille von Neitschütz und ihrer kupplerischen Mutter schier bis zur Tollheit verfallen, was er durch seinen frühen Tod ja auch hat büßen müssen, eine Ausnahme prästiert.

Bei unserem Augustus ist das Verhältnis zum schönen Geschlecht von Anfang an durchaus spielerisch gewesen. Gleich anderen Potentaten erscheint ihm neben der kirchlich angetrauten Gemahlin eine Mätresse zum höfischen Zeremoniell zu gehören; sie dient dazu, den Staatsprunk, der selbigem von Versailles möglichst in nichts nachstehen möchte, wirkungsvoll zu steigern, und die Untertanen, zum mindesten die Bewohner der Residenz, die Unterhaltung und Verdienst durch das ausschweifende Hofwesen haben, wissen's nicht besser. Wer freilich wie ich aus einem Hause stammt, in dem Vater und Mutter in bestem Einvernehmen lebten, und wer wie ich fast täglich vor Augen hat, wie der Herr Hofjuwelier auch der Gefährtin seiner zweiten Ehe, wie vorher der der ersten, mit ungeteiltem Wohlwollen und freundlicher Meinung begegnet, der macht sich bei solchen Sachen seine eigenen Gedanken.

   Die Privilegia des Adels gleichen eben den Köpfen der lernäischen Schlange; wo Herkules einen abhieb, wuchs ein neuer nach, bis sein Gefährte den rettenden Einfall hatte, die Wunden auszubrennen. Wer aber ist der Mann, der bei uns dem Adel angemaßte Vorrechte beschneiden soll? Unser Augustus gewiß nicht. Im alten Stammland und noch mehr in Polen tut er alles, um sich denselben günstig zu stimmen. Insonderheit die adligen Damen mögen im wettinischen Lorbeerwald wie Nymphen und Driaden gedeihen. Um ihre Eitelkeit und ihr angeborenes weibliches Vergnügen an allem, was glänzt, zu befriedigen, läßt unser Augustus seine ohnehin weitschweifende Phantasie ins Unermessene schießen. Zu Zeiten der Königsmarck geschah's, daß sechs Lakaien eine ungeheure Pastete auf die Tafel setzten. Als man sie anschnitt, sprang der Hofzwerg heraus und überreichte der Königin des Festes einen Brillantring. Als die Lubomirska herrschte, wurde bei einem Karnevalszug ein Baum geschüttelt, von dessen Ästen Rubine und Smaragde auf sie niederregneten. Der Cosel, die ihre Vorgängerinnen an Verstand, aber auch an zügelloser Herrschsucht übertrifft, weswegen es ihr wohl auch gelungen, sich bisher am längsten zu behaupten, kann nicht genug Trubel geschehen an Jagd und Mummenschanz.

   Als der König von Dänemark – die Mutter unsres Augustus ist eine Dänin – zu Besuch in Dresden weilte, kam es zu einem Damenfest, das seinesgleichen suchen mochte. Ein Zug von vierundzwanzig zweispännigen Karossen, jede Dame von ihrem Ritter kutschiert, jede Dame von zwei Kavalieren und sechs Läufern geleitet, strebte nach den drei Rennbahnen, die das Amphitheater füllten. In der mittelsten Bahn wurde von den Damen, links und rechts davon von den Kavalieren nach dem Ring gestochen. Da die Ritter und Läufer die Couleur ihrer Herrin trugen, war es ein Wettspiel aller Farben des Regenbogens, welches die Tausende von Zuschauern ergötzte. Der Reichsgräfin in „Couleur de Rose" lenkte der dänische König die Karosse. Da unser Augustus selbst für sie in die Schranken ritt, fiel ihr natürlich der Siegespreis zu, ein von Herrn Johann Melchior Dinglinger erzeugter hoher goldener Deckelpokal, dessen Fuß, in vollem Email ausgeführt, die Gruppe eines von Hunden gestellten Hirsches schmückte.

Die ausschweifende Jagdpassion der Cosel mag auch der Anlaß zu einem Auftrag gewesen sein, den der Souverän unserem Meister bereits vor längerer Zeit gegeben; eine hohe Schale, als Mittelpunkt eines erlesenen Services, die in mythologisch-allegorischer Art die Göttin der Jagd verherrlichen sollte, jene unnahbare Diana, welche den Jüngling Aktäon zur Strafe dafür, daß er sie beim Baden belauscht, in einen Hirsch verwandelte, in einen Hirsch, der nachher von seinen eigenen Hunden zerrissen wurde. Hierbei mag der König nicht ohne ein faunisches Augenzwinkern an die Gucklöcher gedacht haben, die der Pöppelmann im eben fertig gestellten Nymphenbad seines grandiosen Zwingers angebracht hatte. Meister Dinglinger, in seiner bürgerlichen Biederkeit ohne jeden Sinn für Zweideutigkeiten, aber auch wieder als Mann und Künstler voll glühender Freude am nackten Frauenkörper, löste die Aufgabe so: Eine große ovale Schale von milchigem Chalzedon erkor er als den Weiher, der das Glück haben sollte, die Glieder der Göttin zu umfangen. In diesen Weiher ließ sich die Olympische, noch den Jagdspeer in der Linken, aber sanft ermattet vom großen Treiben, im anmutigen Spiel ihrer elfenbeinernen Glieder hinabgleiten, und nur zwei edle Windhunde aus ihrer Meute durften Zeugen dieser Szene sein. Aktäon aber, der glücklich-unglückliche Späher? An ihm ließ Herr Dinglinger – und das scheint mir ein Kunstgriff sondergleichen – das Schreckliche schon geschehen sein. Nur ein mächtiger Hirschkopf, der

Kopf eines überaus schönen Tiers mit gewaltigem Geweih, liegt am Boden, von jappenden Hunden umkreist, und eben dieses schwungvoll und luftig aufragende, gleichsam emporkletternde Geweih ist es, das den spiegelnden Glanz der Chalzedonschale leicht und zierlich wie auf gespreizten Fingerspitzen trägt. Daß der hinter der Badeszene aufgestellte köstliche Baldachin voll schimmernder Perlen hängt wie im Herbst gewisse Sträucher voll weißer Beeren und daß der aus Elfenbein vollkommen geschnitzte nackte Frauenleib sich wunderbar abhebt von der strahlenden Umschmeichelung edler Steine und transluziden Emails, sei nur nebenbei erwähnt. Man mag mir glauben, daß hier unter dem lächelnden Gnadenblick aller neun Musen ein Werk geschaffen wurde, welches in seiner Art ohne Gleichen ist. Und wenn ich früher einmal geschrieben habe: Meister Dinglinger übertraf sich quasi selber, so war das verfrüht geschrieben.

Hier aber ist es geschehen. Mit dem „Bad der Diana" stellt er sich für alle Zeiten neben die celebren Goldschmiede, so je gelebt, meiner Schätzung nach auch neben den großen Florentiner Benvenuto Cellini. Herr Dinglinger selber mochte des Gefühls leben, mit diesem Stück ein Meisterwerk vollbracht zu haben.

Als der preußische Hofmaler Pesne, der berühmte Franzose, kürzlich ein paar Tage in Dresden verbracht, hatte er den Herrn Hofjuwelier gemalt, wie selbiger in polnischem Rock und Pelzmütze breit auf einem Stuhl sitzt und mit der Rechten auf etwas hinweist, das er mit der Linken behutsam umfaßt. Und was ist das? Die Dianaschale. Der Johann Georg Wolfgang, der das Gemälde nachher sauber in Kupfer gestochen, mag mit der Wiedergabe des zierlichen Gebildes seine liebe Not gehabt haben. In beiden Fällen ist es den Künstlern übrigens aus der Maßen gut gelungen, des sächsischen Hofjuweliers großes Gesicht mit der breit gewölbten Stirn, der Kerbe über der kräftigen Nase, den vollen Lippen und dem Doppelkinn wiederzugeben. Ich meine, der Meister würde sich nicht mit der Schale haben porträtieren lassen, wenn er selbigem Opus nicht einen sonderlichen Platz unter seinen Werken hätte zuweisen wollen. Auch hätte der Hofzeremonienmeister und anerkannte Hofpoet Johann Ulrich von König wohl nicht ein Gedicht drukken lassen, in welchem er dasselbe in den höchsten Tönen preist.

Der elfenbeinernen Diana hatte der Herr Hofjuwelier ein Antlitz von höchster Schönheit verliehen, ganz aus seiner Phantasie heraus, wie eben er sich eine griechische Göttin der Jagd vorstellte. Als der König endlich wieder einmal auf einige Zeit von Warschau herein war, mußte sich unser Meister wohl entschließen, das längst fällige Erzeugnis seiner Kunst abzuliefern. Er tat es persönlich und erntete begeisterten Beifall. Wieder wurde der geforderte Preis anstandslos bewilligt. Damit, daß die Ratenzahlungen der

Rentkammer sich zuweilen stark verzögerten, hatte sich der Dinglingersche Haushalt längst abzufinden gewußt. Etliche Tage darauf erschienen in der Frauengasse zwei Hoflakaien mit einem Korb verstaubter Flaschen: Tokayer aus den königlichen Weinkellern, so sich unter der Elbe hinziehen. Flaschen mit staubigen Moosperücken, köstlichste, unbezahlbare Tropfen, zu deren Abgabe an Freunde und Günstlinge sich unser Augustus nur in den seltensten Fällen entschloß. Unser Meister zeigte sich denn auch hochbeglückt und ließ Haus und Werkstatt an der Dotation teilnehmen. Als ihm bei der Gelegenheit der Traubensaft die Zunge ein wenig gelöst – er schwäbelte auf einmal, daß es eine Lust war –, erfuhr man beiläufig, daß es im Schloß bei der Ablieferung der Schale einen sonderlich diffizilen Zwischenfall gegeben. Der König hatte den Künstler beiseite genommen und ihn gefragt, ob er mit seiner Diana irgendeine Person wissentlich habe porträtieren wollen, etwa die Frau Reichsgräfin. Der König mochte durch das Antlitz der Göttin an die Cosel, die eine sehr schöne Frau war, irgendwie erinnert worden sein. Darauf hatte der Meister in echt Dinglingerscher Art geantwortet, er habe aus dem Elfenbein nichts anderes herauszuholen versucht als eine Person, welche, da sie der griechisch-römischen Mythologie angehöre, leider schon viele Jahrhunderte tot sei. Worauf der König den Witz belacht und seinen Mann gnädig entlassen habe.

Heute ist des Rätsels Lösung da, die ganze Stadt ist voll davon. Die Cosel ist in Ungnade gefallen! Sie hat sich durch ihre Herrschsucht verleiten lassen, sich in Regierungsangelegenheiten zu mischen. Als das immer wieder zu den mißlichsten Konflikten geführt, habe sie, so erzählt man, sich plötzlich auf ein schriftlich Heiratsversprechen besonnen, das sie dem König vor vielen Jahren abzuschmeicheln verstanden hatte. Mit diesem Attest in der Hand habe sie eine Abfindungssumme von nicht weniger als zweihunderttausend Talern erzwingen wollen. Daraufhin sei sie in ihrem Palais am Taschenberg von Fürstenbergischen Dragonern kurzerhand arretiert und in der Nacht noch nach dem festen Schloß Stolpen, zwei Stunden von Dresden, gebracht worden. Daselbst soll einer der steinernen Türme als ihr künftig Domizil ausersehen sein. Überall kreist die Frage: Wer wird nun an ihre Stelle treten? Mitleid mit ihr haben die wenigsten; dann sind's meist Männer. Die Mehrzahl der Frauen kann eine gewisse Schadenfreude schwer verhehlen.

Mitleid aber hat die ganze Stadt mit einem anderen Häftling, mit einem, der das Los der Gefangenschaft, wenn auch nicht in kettenrasselnder Form, bereits seit vielen Jahren trägt, mit dem Porzellanerfinder und Goldmacher Johann Friedrich Böttger. Als neunzehnjähriger Mensch ist er seinerzeit hier eingebracht worden, da hing ihm der Himmel voller Geigen; er war den Nachstellungen des preußischen Königs entronnen; er besaß, wie er prahlte, den Stein der Weisen. Damals glänzten seine Augen abenteuerlich, sagt man; sein Benehmen war befehlshaberisch und hochfahrend. Jetzt ist sein Gesicht grau – ich hab ihn neulich auf der Jungfernbastei mit eignen Augen herumschleichen sehen – von seiner Hakennase bis zum Kinn herunter ziehen sich Falten, seine Stimme klingt matt; jeder kann erkennen, daß es sich hier um ein Individuum handelt, dessen Gesundheit infam angekränkelt. Die vierzehn Jahre Haft, die er im Ganzen allbereits hinter sich, haben seine Kraft gebrochen, zumal er wie ein wilder Bacchusknecht zu saufen und in veneris zu sündigen pflegt. Die Ballen Tabaks, die er verraucht, sollen groß wie Heubündel sein. Zuweilen tobt er, Schaum vor dem Mund, wie einer, so den Verstand verloren; er will um jeden Preis fort. Der König will ihn ja auch auf freien Fuß setzen im selben Augenblick, da er dem Staat sein Arcanum, sein Geheimnis, Gold zu machen, verkauft. Aber er will's nicht geben. Kalkuliere, er besitzt es selber nicht.

Da ist es denn ein wahres Glück, daß er wenigstens, die Versuche des gelehrten Herrn von Tschirnhaus verbissen fortsetzend, aufs Porzellan gekommen. Man hat bereits eine Manufaktur gegründet, so man neuerdings nach Meißen in die Albrechtsburg verlegt hat; man hat bereits auf der Leipziger Ostermesse die ersten Tassen und Becher, welche nicht mehr braun, sondern schneeweiß sind, in den Handel gebracht zum Staunen Europas. Der Böttger ist bei der Manufaktur als Direktor angestellt und könnte trotz der ständigen Bewachung ein geruhsam Leben führen, aber er säuft, qualmt, randaliert und liegt dann tagelang im Bett und kann kein Glied bewegen.

Wenn der Statthalter, der Fürstenberg, sein besonderer Gönner, nicht wär', der ihm immer wieder neuen Glauben schenkt und ihm bei jeder Gelegenheit die Brücke vertritt, ich glaub', der König würde ihn längst schon härter angepackt haben. So hat es den Anschein, als ob selbiger im Hinblick auf das Porzellan sich sage: Besser den Sperling in der Hand als die Taube auf dem Dach. Und chinesisch Porzellan, in eigener Fabrik hergestellt, ist ganz gewiß kein gewöhnlicher Sperling! Der Permoser, der natürlich längst von Berlin wieder da ist, war dem Böttger am Anfang sehr gewogen, ja eine Zeit trug er in allen Gasthäusern die Meinung umher, man müßte dem Gefangenen helfen, außer Landes zu kommen. Er ist aus seinem ganzen rebellischen Wesen heraus, sozusagen ex fundamento, durchaus gegen jeden Kerker und gegen jede Zwingburg und noch mehr gegen diejenigen, welche kapabel, andere Menschen hinter eiserne Gitter zu setzen. Wie er auch, was freilich verständlich, kein Freund der zahlreichen Exekutionen ist, die auf dem Neumarkt, vor dem Wilischen Tor und drüben hinter Altendresden stattfinden und zu denen das Volk wie zu Theatervorstellungen und Paraden läuft.

Als voriges Jahr der Lips Tullian, der Räuberhauptmann, mit vier Komplizen drüben auf dem Sand enthauptet und gerädert worden und ein solch Gelaufe gewesen, daß man fürchten mocht', die Brücke stürze ein, ist der Permoser einer der wenigen gewesen, so zu Haus geblieben. Sogar unser Meister war mit hinübergeritten. So arg war der böse Ruhm des Delinquenten! Seitdem auf der Jungfernbastei das Goldkochen auf Porzellanerzeugung hinausgelaufen, fragt der Permoser nicht mehr viel nach dem Böttger, zumal er sich aus Porzellan nicht viel macht. Sein Hohngelächter, als der Hof bei ihm angefragt, ob er gesonnen, Entwürfe für Porzellanfiguren zu liefern, soll erklecklich gewesen sein.

Auch in Berlin scheint er wieder, und nicht nur wegen seines Bartes, Aufsehen erregt zu haben. Aus ziemlich sicherer Quelle verlautet: Eine Prinzessin des königlichen Hauses habe bei unserm Balthasar eine Elfenbeinfigur bestellt; als es ans Zahlen gehen sollte, sei ihr aber der Preis zu hoch gewesen. Was geschah? Balthasar nahm den Hammer und schlug die Figur vor den Augen der fürstlichen Dame kurz und klein. Wasmaßen seine Aussichten am preußischen Hofe von Anfang an nicht groß gewesen sein mögen. Hier hat er alle Hände voll zu tun.

Pöppelmanns überschwänglich wachsender Zwinger – gleichzeitig baut der Unermüdliche aber auch das Türkische Haus um und beginnt ein Palais in der Neustadt – stellt ihm Aufgaben über Aufgaben. Die Nischen des Nymphenbades hat er mit acht ungemein liebenswürdigen steinernen Frauenzimmern griechischen Charakters ausgesetzt, Nymphen, die, nur halb verhüllt', zum Wasserbecken schreiten oder von dort kommen. Man ist allgemein erstaunt, wie sehr es dem verbitterten Hagestolz, dem nach seinem eigenen Ausspruch jede alte Vettel lieber als Modell denn eine Demoiselle mit Schönheitspflästerchen auf geschminkten Wangen, gelungen ist, dem Ideal der Schönheit zu huldigen. Das erste Geschoß jenes Pavillons, der zum Wall führt, will Pöppelmann getragen wissen von

Karyatiden in Hermenform, welche die Wirkung der gebündelten Pfeiler erhöhen sollen. Permoser hat nun diese Hermen eigenhändig aus dem rohen Stein herausgehauen und zwar, wie er sich rühmt, ohne jeglich Modell, so sind es denn begreiflicherweise Männergestalten, die die aufgezwungene Zentnerlast an Arme und Schultern verteilen. Aber wie sie es tun! Etliche lachen, als ob ihnen das Tragen Spaß mache, etliche grollen sichtlich und murren, etliche, die offenbar einen Weinrausch haben, grinsen spöttisch vor sich hin; wieder einer knirscht mit den Zähnen, als wollt' er die Last im nächsten Augenblick zu Boden schleudern, und einer, dem die schwere Bemühung nur am Spiel kolossaler Muskeln abzulesen, sinnt mit runzliger Stirn gefährlich in die Arena, welche vor ihm sich der spielerischen Willkür einer Fürstenlaune auftut.

Womit aber gedenkt Pöppelmann oben diesen schönsten aller Pavillone zum Abschluß zu bringen? Nicht wie am Grabentor mit einer allegorisch verbrämten Riesenkrone, sondern mit einer Gigantengestalt, die eine noch schwerere Last trägt als die Karyatiden unten an den Pfeilern. Und auf welche Weise ist das Genie des Bildhauers dem Genie des Architekten beigesprungen? Permoser hat aus einem ungeheuren Block jenes Urwesen herausgemeißelt, das nach dem Glauben der Alten das Himmelsgewölbe auf der Achsel balanciert, sie nannten es Atlas. Um der Äpfel der Hesperiden willen nahte selbigem Atlas Herkules im Vollzug der schwersten seiner zwölf Arbeiten, Prometheus hatte ihm geraten, sich von jenem die goldnen Früchte herbei holen zu lassen. Derselbe erklärte sich dazu auch bereit, falls Herkules unterdessen die Last auf seine Schultern nähme. Das geschah. Als aber Atlas nun mit den hesperischen Äpfeln kam, spürte er plötzlich keine Lust mehr, sich die Bürde von neuem aufzuladen. So mußte Herkules zur körperlichen Leistung noch ein wenig Witz hinzutun: er wolle sich nur ein Bündel Stroh unter die Last legen, solange müsse

Atlas den Himmel nochmals stützen! Der Gigant ließ sich übertölpeln, nahm die Bürde wieder auf, und der Listige verschwand mit den Äpfeln. So die Sage.

Welchen der beiden Giganten hat Permoser nun dargestellt? Jedenfalls keucht ein bärtiger Riese unter einer riesigen Kugel. Ob Atlas, der Enkel des Okeanus, ob Herkules, der Sohn des Zeus? Niemand weiß es außer Permoser. Der grinst, wenn man ihn fragt, sagt aber nichts. Wessen Züge jedoch trägt der bärtige Koloß? Keine anderen als seine eignen.

Er ist wahrlich ein Sonderling, der Dresdner Saturnus, der neuerdings in einer roten Husarenjacke herumsteigt! Hat er doch zur Ostermesse in Leipzig und Frankfurt eine Schrift herausgegeben, die sich mit nichts anderem befaßt als mit seinem struppigen Haarwuchs um Kinn und Wange, sage und schreibe: mit nichts anderem als mit seinem vielbesprochenen und vielverlästerten Bart. Die Schrift steht unter dem Leitwort: Deus et natura nihil faciunt frustra, was besagen will: Gott und die Natur bewirken nichts vergebens! In einem Zwiegespräch zwischen zwei Personen, von denen sich die eine als Permoser, die andre als Balthasar einführt, wird die gesundheitfördernde Wirkung des Barttragens auf drastische Weise erörtert. Der mit dem Bart Gezierte rühmt sich, daß, seit er sich um das Maul herum nicht mehr scheren lasse, sein körperlich und geistig Wohlbefinden ungemein zugenommen: seines Gedächtnisses Schwachheit sei verbessert, das Ohrensausen besänftigt, das Stechen, so gleich einem Blitz im Kopfe hin- und widergefahren, sei gestillt. Und aus welcher Ursach'? Weil der, welcher den Bart sich ständig abputzen läßt, dem menschlichen Körper etwas entziehe, was zur Unterhaltung einer kontinuierlichen Gesundheit unerläßlich, nämlich innerliche Feuchtigkeit und natürliche Hitze. „Vorher war ich ganz melancholisch", läßt sich der Bebartete wortwörtlich vernehmen, „in Gliedern plagte mich der Krampf, auch laborierte ich an stets anhaltender Mattigkeit, sodaß ich deshalb ehelos mein Leben zuzubringen mich resolvieren mußte. Das alles befindet sich nunmehro anders. Meine ganze Konstitution hat sich zu verbessern angefangen, also daß ich immer frischer, freudiger und hurtiger worden, auch in weniger Zeit viel mehr Arbeit verfertigt habe, als ich ehemals in vielen Monaten zu Tag gegeben." Noch ganz besonders hervorgehoben werden zwei Vorteile: Erstlich könne ein Bartmann auf der Stelle erkennen, was törichte und was kluge Leute seien; denn nur die Narren vermöchten nicht das Phänomen zu verstehen. Zwotens könne ein Bartmann niemals und auch von ferne nicht für einen Kastraten gehalten werden. Das Bartbüchlein unsres Balthasar hat hierorts fast noch mehr Wirkung erzielt als seinerzeit die „asiatische Banise". Jeder liest es. Wer es sich nicht kaufen kann, leiht es sich aus. Exemplare gehen von Hand zu Hand, welche nur noch aus einzelnen Blättern bestehen. In der Scheffelgasse ist ein Balbierer, der es fast auswendig weiß.

Einer, der ein geradezu kindlich Vergnügen an dem Büchlein hat, ist unser Meister Dinglinger, dieser tagtäglich aufs säuberlichste Rasierte. Kaum hatte er von der Publikation gehört, als er sie sich auch schon aus der benachbarten Morenthalschen Buchhandlung besorgen ließ; denn dem Permoser war es bei unterschiedlichen Besuchen nicht eingefallen, auch nur ein Wörtlein über sein Produkt verlauten zu lassen. Als er gestern wieder einmal den Kopf in die Tür steckte (ich war gerade mit im Zimmer), rief ihm unser Meister fröhlich entgegen: „Heil zum neuen Lebenslauf, Signor Balthasar! Wann dürfen wir zur Hochzeit kommen?" Mit welcher Wirkung? Der Kopf fuhr zurück. Die Tür krachte zu. Von Meister Balthasar blieb nicht die geringste Spur mehr. Wir schlugen uns die Schenkel und lachten unbändig. Das Gelächter und ausgelassene Vergnügen, das anno 1712 wie ein Akt aus einer opera buffa das Haus an der Frauengasse von unten bis oben gefüllt hatte, war nicht größer gewesen, nur länger. Ja, und nun komme ich endlich dazu, das Kuriöseste zu beschreiben, was mir ohngeachtet aller bereits vorhandenen oder im Werden befindlichen Mirakel im Haus meines verehrten Verwandten bis jetzt arriviert: Im genannten Jahre war Seine Großzarische Majestät Peter von Rußland, dieselbe, die bei Pultawa den zwölften Karl endlich unschädlich gemacht, beim Herrn Hofjuwelier Dinglinger nicht etwa nur zu Besuch, nein, sondern acht Tage lang richtig zu Gaste.

Es war nicht das erstemal gewesen, daß der moskowitische Großherr die Stadt Dresden berührt hatte. Schon in jungen Jahren auf einer Reise von Holland her, all wo er es nicht unter seiner Würde gehalten, als Schiffszimmermann zu arbeiten, war er durchgekommen und hatte Quartier im Schloß bezogen. Zwei andere Male hatte er, dieweil der Hof in Warschau, im „Goldnen Ring" am Altmarkt logiert, es war dies, als er gezwungen gewesen, im Karlsbad in Böhmen die Heilwässer zu gebrauchen. Bei der Gelegenheit hatte der Monarch, der voll ungeheuren Wissensdranges ist, alles was für sein Land zum Nutzen, in unsrer Residenz besucht und studiert, den Falkenhof, die Glashütte, die Festungswerke, das Zeughaus und schließlich auch den Großen Garten und die Kunstkammer. Der Graf Vitzthum von Eckstädt, so in früheren Jahren sächsischer Gesandter in Moskau und Petersburg gewesen, hatte ihn geführt. Damals bereits hatte er, dem der Hofhalt des Großen Mogul das höchste Entzücken erregt, den Herrn Dinglinger seine Freundschaft spüren lassen, denn er ist bei aller Seltsamkeit ein sehr leutseliger Herr. Als sich im Jahre Zwölf für ihn nun abermals ein Besuch im Karlsbad nötig gemacht hatte, – er litt stark an Podagra, so man hier Zipperlein nennt – erklärte er auf der Heimreise kurzerhand, diesmal im Hause des Hofjuweliers, seines guten Freundes, Logis nehmen zu wollen. Einige seines Gefolges, das nicht gar groß war, schickte er von Freiberg mit der Botschaft voraus. Das war denn keine schlechte Überraschung für das Haus an der Frauengasse. Freilich war man hier gewohnt, daß Fürsten, Grafen und hohe Personen ein- und ausgingen, auch war unser Seigneur selber, einmal sogar in Begleitung seines Verwandten, des Königs von Dänemark, schon oft genug vorgefahren. Aber die Moskowitische Majestät, von deren Unbändigkeit und unverhoffter Laune so viel erzählt wurde! Der Großherr aller Reußen, dessen Reich im Sonnenaufgang schier kein Ende nahm! Nun, unsern Meister konnte, wie ich wohl schon früher berichtet, so leicht nichts aus der Contenance bringen, fremder Besuch schon gar nicht. Er sagte gern: „Daß die Vögel einem übern Kopf fliegen, das kann man nicht hindern; wohl aber kann man Sorge tragen, daß sie einem in der Perücke kein Nest baun".

Und so ist er denn auch (um meinen Bericht kurz zu machen) mit dem wunderlichen Potentaten prächtig ausgekommen, zumal selbiger in seiner tollen Ruhelosigkeit viel Kommissionen außerhalb des Hauses hatte und den größten Teil seines Gefolges im „Güldnen Ring" verpflegen ließ. Der Hauptgrund seines Einfalls ins Dinglingerhaus war gewesen, diese Sehenswürdigkeit, von welcher er natürlich gehört, genaustens in Augenschein nehmen zu können. Die Wasserkünste, die Feuerspritze, das Fernrohr, das Glockenspiel, die Wetterfahne, und alles hübsch auf einem Dach beisammen, das waren Dinge nach seinem Gusto! Von der Wasserhebemaschine, der Spritze und dem doppelten Windzeiger mußte ihm der Andreas Gärtner sogleich Modelle machen, die mit schnellster Post nach Rußland vorausgehen sollten; auch vom ganzen Haus wollt er durchaus ein Modell haben. Die Edelsteine in des Meisters privatem Gemach taten es ihm weniger an, solche fand man in seinen eigenen Ländern, eher gefielen ihm schon die Straußeneier, die Korallen, die Elefantenzähne; aber unten in der großen Werkstatt, da war er in seinem Element, da band er einen Lederschurz vor, da nahm er Hammer und Punze zur Hand, da wollt' er auf der Stelle eine Schale aus Silber treiben und möglichst im Anschluß daran emaillieren lernen. Dem ernsten bebrillten Georg Friedrich und dem lachlustigen Georg Christoph wußte er manchen Kunstgriff abzusehen, und mit den Gesellen trieb er allerhand rauhe Spässe, hatte er sich doch seinerzeit im „Güldnen Ring" auch besonders gern in der Kutscherstube aufgehalten. Von des Meisters Kunstwerken, so im Entstehen begriffen, wollte er am liebsten alle mit nach Petersburg nehmen. Hier mußte schwäbische Rechenkunst verbunden mit nüchterner Abschätzung der Wirklichkeit auf der Hut sein; es wurden nur die Stücke reisefertig gemacht, welche wirklich bezahlt waren.

„Rösser, die durchgegangen, werden immer kleiner", sagte der Herr Hofjuwelier mit einem reichsstädtischen Augenzwinkern über die starke Nase weg. Im Hof hielt's der russische Gast nicht für einen Raub, die Kurbel der Wasserhebemaschine eigenhändig zu drehen; der Emilio Papperitz staunte nicht schlecht, wie die Großzarische Majestät in die Vollen ging. Dann sprang selbige Majestät, im Gesicht rot wie ein Kauderer, die vier Treppen hoch zum Altan und speiste aus der übervollen Zisterne die Feuerspritze; pfeifend schoß alsbald der Strahl über die Dächer zur nicht geringen Verwunderung der Nachbarn, die sich Platzregen aus blauem Himmel schwer erklären konnten. Natürlich wurden dem hohen Besuch zu Ehren auch einige Festivitäten veranstaltet, wobei an Wein, Bier und Tabak nicht gespart wurde – der Zar war ein starker Raucher; er roch meterweise scharf nach Knaster.

Die gelungenste Festlichkeit war die Abschiedsfeier, welche auf dem Dache stattfand. Hier wurde gespeist, hier wurde gebechert, hier wurde Schach gespielt an einem kleinen Tisch, der unversehens aus dem Boden kam, die neuste Invention des Hofmechanikus, die vom begeisterten Gast sofort mit Beschlag belegt wurde. Hier wurde schließlich mit Pistolen nach einer aufgestellten Scheibe geschossen, was nur einmal einen kritischen Charakter annahm, als die Majestät eine Katze, so fern um die Schornsteine strich, aufs Korn nahm. Sie traf sie und wollte sich ausschütten vor Lachen; im Übermut stieß sie einen der eignen Kavaliere derart ins Kreuz, daß selbiger beinahe übers Geländer getaumelt wäre. Was die Heiterkeit seines Herrn noch erhöhte. Dazu orgelte das Glockenspiel, mit dem Aeolus ähnliche Spässe trieb.

Am nächsten Morgen bei der Abreise wurde der Hausherr, der seinen Tokayer wohlweislich bis zum Abschiedstrunk aufgehoben hatte, vielmals umarmt, grausam auf die Schulter geklopft und in einem wahren Befehlston eingeladen, bald in Petersburg zu erscheinen. Worauf des Herrn Hofjuweliers großes Gesicht unerfindlich lächelte. Ich mußte an die Sache mit den Vögeln denken, von denen er gesprochen hatte; dem bunten genäschigen Vogel, welcher zum Heimflug nun die Flügel lüpfte, hatte er bei aller Höflichkeit wahrlich keine Gelegenheit gegeben, in seiner Perücke ein Nest zu bauen. Diese Staatsperücke paradierte jetzt inmitten der Familie und Hausgenossen wohlfrisiert im Zwielicht der Gasse, in welcher sich trotz der frühen Stunde schon zahlreiche Neugierige, die den Abgang des Großherrn nicht verpassen wollten, versammelt hatten. Selbiger in Lederkoller und Schaftstiefeln, barhaupt, sodaß der Morgenwind in seinen langsträhnigen Haaren spielen konnte, sah mit seinem breiten geröteten Antlitz wie all die Tage her mehr einem ländlichen Gutsbesitzer ähnlich als einem Kaiser. Das änderte sich sofort, als er im Wagen nochmals aufsprang, in die Tasche griff und Silbermünzen unter die Gaffer streute. In deren Getümmel und Freudengeheul hinein knallte die Nagaika des Leibkutschers, vier türkische Rosse zogen an, die Karosse bog scharf um die Ecke. Über den Seufzer der

Erleichterung, welchen Frau Christiana Maria in demselbigen Augenblick ausstieß, mußten wir alle lachen. Als die Erwachsenen sich schon anschickten, ins Haus zurückzutreten, stand der damals zehnjährige Johann Friedrich noch immer am Prellstein und starrte in die Richtung, in welcher das Pferdegetrappel verhallte; seine kräftige Knabenhand hielt einen mit Edelsteinen besetzten Hirschfänger an die Brust gedrückt; selbigen hatte ihm der Großherr im letzten Augenblick als Souvenir zugeworfen, nachdem er das Ding einem seiner Kavaliere von der Hüfte gerissen. Auch die kleine Regina blickte mit dem ganzen ungeheuren Erstaunen, dessen ein vierjährig Kind fähig, in die Ferne. Auch sie war im letzten Augenblick mit einem Geschenk überrascht worden und zwar mit einem Körbchen voll Orangen. Selbige Orangen hatte den Abend zuvor das Hofmarschallamt in Stellvertretung des abwesenden Hofes dem Großherrn als Ergänzung des bereits gelieferten Reiseproviants untertänigst überreicht; sie waren bereits im Wagen verstaut gewesen, als der Zar sie entdeckte und dem Kinde lachend aushändigen ließ. Nun stand das dunkellockige Mädchen mit seinen dunklen Augen und hielt einen Korb goldener Früchte strahlend am Arm; ja wahrlich, es stand, als hütete es die Äpfel der Hesperiden. Ich konnte mich kaum von dem Anblick trennen, und auch alle andern hatten Freude an dem Bild. Diese kleine Tochter war schon damals unser aller Wonne. Der Besuch der Großzarischen Majestät hat als ein ausgesucht Mirakel im Dinglingerhaus zu gelten, gewiß; ein ebensolch Wunder des Hauses aber ist, wenigstens für mich, die kleine Regina.

Während der vier Jahre, die seit jener Morgenstunde ins Land gegangen, durfte ich nur immer genauer erkennen, was für eine holdselige Blume hier heranblühte, obwohl sie nicht das einzige Mägdlein im Hause war. Auch ihre älteren Stiefschwestern Maria, Hedwig, Sophie und ihre beiden Schwesterlein Christina und Friderika, die ihr gefolgt, schossen lieblich empor. Ein strammer Junge, der Johann Melchior, der nach aller Bekannten Zeugnis vom ersten Tage an die Nase seines Vaters im Gesicht trug, half das Haus an der Frauengasse mit fröhlichem Lärm füllen. Frau Christiana Maria freilich, die immer mehr für die Stille gewesen, losch eines Winterabends, kurz vor dem Weihnachtsfest, mit blassen Lippen aus, nachdem sie drei Wochen krank das Bett gehütet hatte. Der Herr Hofjuwelier, zum zweitenmal Witwer, lehnte es damals ab, seinen Geburtstag am 26. decembris, an dem es sonst hoch herzugehen pflegte, zu feiern und feiern zu lassen. Er stürzte sich mit gedoppeltem Eifer in die Arbeit, wie es seine Art, wenn ihm etwas das Gemüt aus dem Gleichgewicht zu bringen droht. Ich tat, was ich konnte, damit den jüngeren Kindern des Hauses der Heilige Christ nicht allzusehr vergällt würde. Dem Johann Friedrich schenkte ich „Schelmuffskys wahrhaftige kuriöse und sehr gefährliche Reisebeschreibung", dieweil selbiger Schelmuffsky unserm Großen Mogul ebenfalls auf ergötzliche Weise aufgewartet, Reginen schenkte ich eine bemalte Spanschachtel voll Konfekt.

IV
JUPITER UND SATURN

Der Hofbibliothekarius Moritz Rüger berichtet: In meinem letzten Bericht erzählte ich, daß die Reichsgräfin Cosel nach der Bergfeste Stolpen gebracht worden wär' infolge ihrer politischen Machenschaften. Sie ist noch dort und bezieht eine Jahresrente von dreitausend Talern. Das riesige Vermögen, das sie als Mätresse zusammengescharrt, verwaltet ein eigens hierzu eingesetzter Ausschuß. Auch darf sie sich Dienerschaft halten. Es mankiert ihr an nichts als an der Freiheit. Die Frage nach ihrer Nachfolgerin ist damals durch die Tatsachen schnell beantwortet worden. Unser Augustus glänzte wieder als König auf dem Thron der Jagellonen, also erschien es zweckmäßig, daß wieder eine Polin diesen Glanz erhöhen half. Sie fand sich in der Tochter des Warschauer Oberhofmarschalls, des Grafen Bielinski; ja der Vater schlug die Tochter selber für diesen Ehrenposten vor, obwohl sie bereits mit einem Herrn von Dönhoff verheiratet war. Die katholische Kirche hält jedes Ehebündnis zwar für unlöslich, trotzdem wurde die Ehe wie vor Jahren die der polnischen Lubomirska in aller Form getrennt. Damals tat es der Papst selber, diesmal genügte der Bischof von Przemysl. Vielleicht wirkten in beiden Fällen politische Erwägungen mit. Jedenfalls versteht es die Gräfin Dönhoff aus der Maßen, es ihren Vorgängerinnen an Prunk und Trubel gleichzutun. Sie zeigt, wie es heißt, eine besondere Vorliebe für Papageien, Affen und Mohren, sie ist offenbar eine spielerische Natur. So soll sie unserm Augustus vom ersten Tag an in den Ohren gelegen haben, ihr goldene Fische, wie sie bisher nur bei den Chinesen bekannt, zu verschaffen.

Wie man unsern Souverän kennt, wird er nicht ermangeln, ihren Wunsch zu erfüllen, hat er uns doch mehr als einmal schon durch „goldene Fische" in Erstaunen gesetzt. So ist die Sammlung kostbarer Gemälde, so seine Vorgänger zusammengebracht, durch ihn bedeutend vermehrt und in eigens für sie hergerichteten Räumen im Obergeschoß des Stallgebäudes am Jüdenhof öffentlich ausgestellt worden.
So läßt er jetzt auf eine neuartige Weise das Land vermessen und an Kreuzwegen steinerne Postsäulen errichten, die den Verkehr erleichtern. So hat er am Hof der Habsburger zu Wien erreicht, daß unsres Kurprinzen Werbung um Josepha, des Kaisers Tochter, den gleichen Bemühungen des bayrischen Kurprinzen vorgezogen worden. Kaiserlicher Glanz, diplomatisch ausgemünzt, soll solchergestalt auf die sächsisch polnische Krone fallen. Daß ihm bei selbiger Gelegenheit einer der ältesten Wünsche seines Ehrgeizes in Erfüllung gegangen, läßt sich denken: zusammen mit dem Kurprinzen ist er feierlich in den Orden der Ritter vom Goldnen Vließ aufgenommen worden. Und wie er in den Zeiten seiner tiefsten Demütigung durch den schwedischen Karl nicht von dem Glauben abzubringen gewesen, er werde den polnischen Thron doch wieder besteigen, so muß er auch die Zuversicht, daß in Wien hinsichtlich der Verheiratungspläne seines Sohnes alles nach seinem Willen gehen werde, schon lange in sich gehegt haben, denn seit Jahren ist auf sein Betreiben Meister Dinglinger mit allen seinen Helfern mit nichts anderem beschäftigt gewesen als mit der Herstellung von einigen Kunstwerken, die offenkundig zur Verherrlichung außergewöhnlicher Festivitäten gedacht waren.

Es waren das sogenannte Kabinettstücke, will sagen, repräsentative Schaustücke, die bei besonders feierlichen Gelegenheiten zur Ausschmückung der königlichen Tafel verwendet wurden, ähnlich der Schale mit dem Bad der Diana. Während aber die Dianenschale immerhin als Zuckerbehälter oder Salzfaß in Gebrauch genommen werden konnte, hatten diese Stücke keine andern Aufgaben, als dazustehen und schön zu sein. Neuartig war dabei, daß der Künstler vorhandene Wertstücke mit anzubringen gehabt hatte, nämlich große ovale Platten aus Sardonix oder Achat, aus denen bereits früher eine bildnerische Phantasie allerhand Reliefs herausgearbeitet, daneben unzählige geschnittene Steine und Gemmen aus den königlichen Sammlungen. Drei solch außerordentliche Kabinettstücke waren entstanden als einzigartige Wunder der Art, wie hier Goldschmiedekunst und Kunst der Juwelenbearbeitung sich quasi die Hand reichten. Unser Meister hatte sich ausgedacht, in ihnen den Frühling, den Sommer und den Herbst des menschlichen Lebens zu celebrieren. So wurden im ersten Stück, aus Achat geschnitten, dem Weingott Bacchus und der Fruchtgöttin Ceres Opfer gebracht, so triumphierte im zweiten in einem zwölf Zoll langen und sieben Zoll breiten Sardonix der Dionysische, von Panthern gezogen, von Korybanthen geleitet, so wuchs im dritten, wieder aus Achat, neben dem dreiköpfigen Höllenhund Cerberus der unterirdische Fährmann Charon heraus, der seit Anbeginn berufen, die Seelen über den Strom des Vergessens zu setzen in seinem Nachen.

Um diese Figuren und vieles andere mehr im Geist einer wohlbegründeten Wissenschaft aus den Nachrichten und Überresten des Altertums heraufzubeschwören, hatte sich der Herr Hofjuwelier wieder meiner Mitarbeit sonderlich versichert, wußte er doch, daß es mir zur zweiten Natur geworden, den geheimnisvollen Zusammenhängen der griechisch-römischen

Mythologie nachzugehen und hatte er doch schon, fernab von diesbezüglichen Aufträgen, mit mir manche Stunde über Bildern und Aufzeichnungen aus dem Leben der Götter, Heroen und Helden verbracht. Es ist aber zu sagen, daß er selber schon in seiner Lehrzeit, wahrscheinlich in Paris, einen guten Grund mythologischer Kenntnis muß gelegt haben. Haben wir zu zweit auch den drei Kabinettstücken wie einst dem Großen Mogul eine ausführliche Beschreibung zum Zweck eines besseren Verständnisses beigegeben, wobei der Verfertiger am Schluß nicht verfehlt noch besonders zu betonen, daß weder an Arbeit noch an Diamanten, Rubinen, Saphiren, Smaragden, Perlen, Gold, Emaille und andern Kostbarkeiten das Geringste erspart worden. Als die drei Stücke gelegentlich der kurprinzlichen Vermählungsfeier zum erstenmal auf der Hoftafel erschienen, sollen sie denn auch einen einzigen Tumult der Bewunderung hervorgerufen haben; die junge Frau Kurprinzessin, die Kaiserstochter, soll alsbald die Absicht geäußert haben, dem kunstvollen Artifex ihren Dank in neuen Aufträgen, so ihrer Wiener Heimat zugutekommen würden, abzustatten.

Nunmehro habe ich aber zu erzählen, was alles sich bei der Dresdner Nachfeier dieser Hochzeit, welche den ganzen Monat September des Jahres 1719 ausgefüllt, zugetragen, zumal ich die Ehre und Freude gehabt, durch Vermittlung des Herrn Hofjuweliers auch an jenen Veranstaltungen teilzunehmen, zu denen die Bevölkerung nur vereinzelt zugelassen, war ich doch bei selbiger Gelegenheit zum Mentor und Begleiter der jüngeren Hauskinder ernannt worden. Unter ihnen standen der damals siebzehnjährige Johann Friedrich und die elfjährige Regina meinem Herzen am nächsten. Das junge Paar hatte sich in Wien, unter dem prächtigen Schutze des Stromgottes Danubius trauen lassen. Heimkehrend in die Lande, zu deren künftigen Herrschern es erkoren, sollte es ebenso prächtig im Bereich der Elbgötter empfangen werden. In Venedig hatte unser Augustus einst auf seiner Kavalierstour an der großen Solennität teilgenommen, bei welcher der Doge, auf dem goldnen Staatsschiff Bucentauro das Meer befahrend, sich feierlich mit der Adria vermählt. Genau einen solchen Bucentauro hatte der König im Hinblick auf den Einzug des jungen Paares herstellen lassen von einem Schiffsbaumeister, den er eigens aus Venedig herbeigeholt. Bereits im Juni des Jahres Neunzehn war das Prachtschiff unter Trompeten- und Paukenschall und Lösung aller Kanonen der Festung vom Stapel in die Elbe gelassen worden; es bestand aus drei übereinandergestaffelten Räumen, deren mittelster lackiert und wie die beiden andern mit kostbaren Spiegeln verziert war; seine Vergoldung allein soll sechstausend Taler gekostet haben; außen war es mit rotsammetnen Decken behängt. Und was war seine Bestimmung? Es sollte die Braut, die in Pirna den Reisewagen verlassen würde, von selbiger Stadt auf dem sächsischen Strom nach der Residenz tragen.

   Am zwoten Tag im September war es dann soweit gewesen. Die Kaiserstochter war mit ihrem jungen Gemahl in Pirna an Bord des Bucentauro gegangen. Fünfzehn holländische Jachten, mit gelbem Atlas ausgeschlagen, von Schiffsknechten in Rot und Weiß gelenkt, hatten ihr das Geleit gegeben. An beiden Ufern stand in unübersehbaren Mengen das Volk, verschlang das Schauspiel mit den Augen und schrie sich die Kehle wund. Ich hatte mich mit meinen Schutzbefohlenen unweit der Vogelwiese postiert. Hier kampierten seit Tagen sechs Regimenter Infanterie und vier Regimenter Kavallerie. Hier, hieß es, werde das junge Paar wieder an Land gehen. So war es denn auch pünktlich vormittags zehn Uhr geschehen. Unter dem dreimaligen Donner von hundert Kanonen hatten hier König und Königin, mit dem gesamten Hofstaat aus einem purpurnen Zelte heraustretend, die Gefeierten empfangen. Das Gedränge der Neugierigen war in selbigem Augenblick so groß gewesen, daß wir von der eigentlichen Zeremonie nicht allzuviel zu sehen gekriegt, auch von den Massen derart hin und her geschoben wurden, als höbe uns stürmische Wasserflut. Ich hatte Mühe, die kleine Regina vor Stoß und Sturz zu bewahren; infolgedessen kam es, daß Johann Friedrich von uns gänzlich abgedrängt wurde. Nun, er war schon damals ein Bursche, welcher die Arme zu brauchen verstand; so hatte ich seinetwegen keine sonderliche Sorge. Reginas schöne braune Augen, welche ohnehin stets in großer Wißbegier brannten, strahlten vor Aufregung: Was doch das bunte Leben alles zu bieten verstand! Leider war es mir diesmal nicht möglich, zu einem besseren Beobachtungsposten vorzudringen, ohne das liebe Kind zu gefährden.

Von Johann Friedrich, der es in der Tat verstanden hatte, sich auf eigne Faust durchzusetzen, erfuhren wir nachher folgendes: Mehr als tausend weiß und rot montierte Bürger waren aufgestellt gewesen; das Spalier war von blau-gelber Infanterie fortgesetzt worden bis zum Schloß, wo die Garden und die adligen Kadetten paradierten. Den Zug selbst, der die Fürstlichkeiten, die alten und die jungen, geleitet, hätten Hundertschaften der Post und der Jägerei, zahllose Läufer, Schweizer, Heiducken und an die hundert Staatskarossen gebildet. Der Bräutigam in Purpur, von Diamanten umglitzert, zu Pferde. Ihm voraus in Goldgewänder gekleidete Türken mit einem Roßschweif, ihm hinterdrein mehr als hundert Mann von der Garde du Corps und der Leibmohr mit zwei Dutzend andern Mohren in weißem Atlas und scharlachnen Talaren. Die Braut hatte in einem achtspännigen Wagen gesessen, gekleidet in spanische Tracht. Der Herr Hofjuwelier, der im großen Schloßhof seinen Platz gehabt, bestätigte das; die Braut habe ausgesehen, sagte er, wie ein wandelnder zierlicher Juwelenschrein, das Gesicht der Königin, die sich bei selbiger Gelegenheit endlich wieder einmal öffentlich gezeigt, blaß wie eine Perle.

Dieser Festzug hatte eine Reihe von Solennitäten eröffnet, welche Tag für Tag, Abend für Abend, den ganzen Monat September gefüllt hatten. Der Leidenschaft unsres Souveräns, seinem überschwänglichen Lebensdrang in festlichen Veranstaltungen Luft zu machen, war wieder einmal Gelegenheit gegeben; jetzt feierte seine Voraussicht, solchen Festen die entsprechenden Schauplätze bereitzustellen, wahre Triumphe. Von den neuen prächtigen Schloßbauten Pöppelmanns waren es besonders Pillnitz und das sogenannte Japanische Palais in der Neu-Stadt – es trug seinen Namen nach daselbst verwendeten Formen und Gestalten in japanischem Stil –, die sich alsbald glänzend bewährten. Auch die Kunst unsres Meisters feierte bei solcher occasion Triumphe. Gelegentlich eines Balles bei den Japanesen hatte man vor einer Blumenwand die halbe Hofsilberkammer und die Prachtstücke des Grünen Gewölbes aufgestellt, indes vor indianischen Tapeten chinesisches und Böttgersches Porzellan prunkte. Das Goldne Service, die Herkules-Schalen, das Bad der Diana, die drei Kabinettstücke, was für Hymnen der Bewunderung in den verschiedensten Sprachlauten durften sie hören! Dem Herrn Hofjuwelier mochten wohl die Ohren geklungen haben.

 Ich hatte mir von ihm die Gunst erbeten, seine Töchter Regina, Christina und Friederike vor den Aufbau der Kostbarkeiten zu führen, da er selber dazu weder Zeit noch Lust gezeigt. Fast mehr noch als über die Kunstwerke ihres Vaters freuten sich die Kinder über die Schweizer, die als Wache daneben aufgestellt waren und bärbeißig ihre Hellebarden vorstreckten. Unsern Beziehungen zum Hofkünstler dankten wir es auch, daß wir von den Lustbarkeiten, welche hier sich entfalteten, einiges erhaschen konnten. Märchenhaft das abendliche Spiel von den sieben Planeten im Palaisgarten, der bis zur Elbe niederführt. Vor dem Strom die Bühne. Wie staunte Regina, als über selbiger Bühne plötzlich sieben fliegende Menschen erschienen, ganz in Silber gekleidet, und mit schönen Stimmen einen opernmäßigen Wechselgesang anhoben, eben die sieben Planeten, an unsichtbaren Drähten gehalten und geführt! Wieviel aufgeregte Fragen durfte ich beantworten! Doppelt märchenhaft nachher das Feuerwerk, das aus dem Wasser, auf dem sich illuminierte Gondeln wiegten, zu steigen schien! Ein Palast aus hundert bunten Lämpchen erwuchs am jenseitigen Ufer. Mit einem Schlag flammte derselbe auf und brannte nieder, indessen sich davor eine Seeschlacht entwickelte: Die griechischen Kolchisfahrer waren wieder einmal am Werke; Jason als zweiter Herkules verrichtete wieder einmal Wunder der Tapferkeit. Die ganze Argonautensage durfte ich dem staunenden Kind aus dem spiegelnden Wasser heben. Wir Erwachsenen begriffen bald, daß sich der König zugleich im Namen seines Sohnes durch das Schauspiel beim kaiserlichen Brautvater für den Orden des Goldenen Vließes bedanken wollte. Welch phantasievoller Dank!

Kaum mit der Feder zu beschreiben an einem andern Tag das „Carussel der vier Elemente" im Zwingerhof. Der Kurprinz, der Herzog von Sachsen-Weißenfels, der Herzog von Württemberg – selbiger hatte es nicht unter seiner Würde gehalten, die Lubomirska, die ehemalige Favoritin des Königs, zu heiraten – und dieser selber wirkten mit. Jeder Fürst hatte hinter sich sechzehn Reiter und Pferde in seiner Farbe. Der Kurprinz, ganz in Silberblau, dieweil er das Element des Wassers vertrat, ritt gleich seiner Kavalkade einen arabischen Schimmel, so mit Fischen, Muscheln, Korallen verziert war. Der Herzog von Weißenfels, mit seinem Gefolge die Erde darstellend, paradierte in Braun, der Württemberger als Vertreter der Luft in Weiß mit Flügeln und Paradiesvögeln. Auf schwarzem Rappen aber, in purpurnen Atlas gekleidet, mit Diamanten übersät, erschien unser Augustus. Er wollte mit seinen Kavalieren als das belebende Feuer verstanden werden. Und wer unter den Tausenden, die an dem Fest teilnahmen, verstand ihn nicht so? Als die Reiterscharen alsbald bei brausender Janitscharenmusik gegeneinander ritten, um die unterschiedlichen Wechselwirkungen der Elemente zu versinnbildlichen und vielfach auszudeuten, wollte der Jubel der Zuschauer kein Ende nehmen.

Bei diesem Fest waren die Dinglingerschen Hauskinder nicht an meiner Seite gewesen, wohl aber war das wieder der Fall bei der allergroßartigsten Solennität, welche Ende September den Schwall der Feierlichkeiten abschloß und krönte, beim nächtlichen Saturnusfest im Plauenschen Grund, an welchem ich im Kreis der gesamten Dinglingerschen Familie teilnehmen durfte. Sogar die drei ältesten verheirateten Töchter, die Maria, die Hedwig und die Sophie, hatten mit ihren Ehemännern diesmal unsre Gesellschaft gesucht. Nicht weit von der Weißeritzbrücke beim Hegereiter war eine offene, mit bergmännischen Emblemen geschmückte Halle errichtet, die einen Tempel des Gottes der Zeit darstellen sollte. Sie strahlte von Licht, wie denn die ganze nächtliche Gegend von Feuerflammen aus Schmelztiegeln, aus Vasen, aus Kandelabern und von Hunderten von Fackeln und bunten Lämpchen erhellt war. In dem saturnischen Tempel saß die königliche Familie, vor dem Tempel marschierte in ihren Paradeuniformen die Armee der sächsischen Bergleute auf. Und wenn schon die Bergleute in Paradetracht steckten, ihr Aufzug war doch so gedacht, daß sie von jeder Spezies und unterschiedlichen Attraktion des Erzbergbaus eine Anschauung geben wollten. Unvergeßlich das Gewimmel der Gestalten im Geflacker der Fackeln und Feuer bei Bergmusik und Gesang!

Voraus ging der Obereinfahrer von Freiberg mit einer Belegschaft junger Bergleute, welche ihre Grubenblenden schwangen, dann kamen Heerpauker und Trompeter, der Oberbergwerksdirektor, zwei Oberzehntner und stets zwischen einer Division von

Häuern und Göpeldrehern ein alter Steiger mit Schlägel und Eisen. Dann Markscheider mit Grubenrissen, Geschworene mit Kompaß und Waage, zwischen zwei Bergmeistern die Knappschaftsfahne. Hinter derselben Erzstufen, getragen und gefahren, schließlich ein Metallberg, gewaltig wie ein Heufuder, an welchem man alle Arten der Erzgewinnung sinnreich dargestellt, die Arbeit im Stollen und vor Ort, die Arbeit mit dem Hund auf Schienen und mit der Haspel und was sonst zum Werk gehört. Die Bergleute, die in Gruppen zu je sechs Mann mit Mulden und Trögen auf den Schultern alsbald folgten, bildeten quasi ein wandelndes Mineralienkabinett. Alle Erze des Landes wollten ihren obersten Bergherrn grüßen. Angesichts der Silberstufen und Zinngraupen, der Tröge voll Wismut, Blei, Kobalt und Kupfererz, der Kübel voll Schwefelkies, Alaun, Serpentin, Smirgel, Bol und Porzellanerde konnte unserm Souverän wohl das Herz im Leibe lachen. Während ich mich oftmals bückte, den Mädchen dies und jenes mit dem Finger zu weisen und zu erklären, hatte ich immer das große offene Gesicht des Herrn Hofjuweliers über mir, der, Frau Anna Elisabeth, seine neue Ehefrau, am Arm, den übrigen Familienmitgliedern dann und wann eine Erläuterung gab. Ich sah wohl, daß dieses Gesicht, vom Geflacker der Fackeln umspielt, mit außergewöhnlicher Freude an dem bergmännischen Schauspiel hing. Alles, was Erz hieß, alles, was an kostbarem Gestein aus dem geheimnisvollen Dunkel des Erdlebens wuchs, hatte es dem Meister ja bekanntlich angetan. Mir fiel ein, daß dieses Gesicht vor Tagen mit eben derselben Hingabe an dem Feuerwerk gehangen hatte, welches sich in den Fluten der Elbe gespiegelt; damals hatte ich – das kam mir plötzlich von neuem zum Bewußtsein – das unwiderlegliche Gefühl gehabt, die ergriffene Phantasie des Herrn Hofjuweliers setze jeden Schwärmer, jedes Buntfeuer, jede Rakete augenblicklich in Rubine und Saphire, in Smaragden, Topase, Türkise oder in blitzende Diamanten um. Trotzdem hatte es nicht einen einzigen saturnischen Zug, dieses große, ergriffene Gesicht über mir, vielmehr lag wie je nichts als jovialer Glanz auf der breiten Stirn; und um die Nase und die Lippen spielte jenes Lächeln, das wir alle, die wir den Mann liebten, aus der heiteren Welt Jupiters herleiteten.

Aber auch der finstere Saturn sollte mir in dieser seiner Nacht noch deutlicher ins Bewußtsein treten, als durch sein Abbild, welches den königlichen Pavillon zierte, bisher geschehen war. Als in der zweiten Abteilung des Bergaufzuges, der die Erzarbeit in Hütte und Münze vorführte, ganze Schmelzöfen und Treibherde herangefahren wurden, Ofen und Herde, an welchen wirklich getrieben und gemünzt ward, entstand eine starke Bewegung unter den zwischen den Weißeritzufern und den beiderseitigen Hängen eingeklemmten Zuschauermassen; viele Leute hatten geglaubt, wie man später erfuhr, es werde frischgemünztes Geld ausgeworfen. Dadurch wurde für mich der Ausblick auf eine Gestalt frei, die etwas niedriger als wir ihren Beobachtungsposten eingenommen hatte. Ein alter Mann, das Antlitz auf einen Stab gestützt, hockte auf einem Felsvorsprung und starrte unbeweglich, aber offenbar mit wenig freundlichen Gedanken in das Lichtgewimmel der Tiefe. Das Flackern einer Pechpfanne in seiner Nähe verriet alsbald, daß sein düsteres Antlitz über und über behaart war. Es konnte wohl kein andrer als Permoser sein. Der Herr Hofbildhauer, an dem nicht ein Stück Glied sich rührte, hing wie ein gewachsener Fels am Hang. Saturn, Saturn, der uralte Gott der Zeit, der in seiner Jugend seine eigenen Kinder gefressen! So stieg in mir plötzlich eine mythologische Blase auf. Der steinerne Saturn vom Neustädter Ende der Brücke, vor dem das Volk sich fürchtete, war herausgekommen, um an seinem Feste teilzunehmen als stummer Zeuge! Vielleicht war es gar kein Stab, auf den sein bärtiges Kinn sich stützte, vielleicht war es der Stiel einer Sense? Vielleicht stand sein Stundenglas neben ihm im Heidekraut? Vielleicht steckten in dem Mantel, welcher ihn umhüllte, seine struppigen Fittiche verborgen? Gerade, als ich meinen Meister auf die Erscheinung aufmerksam machen wollte, entzog der Ring der Zuschauer, der sich von neuem zusammenschob, sie meinen Blicken.

Als Fanfaren das Ende der Solennität verkündeten und die Tausende sich der Stadt zuwandten, stand wie aus der Erde gewachsen, Permoser plötzlich neben uns. Ohne den Meister besonders zu grüßen und ohne von dessen Gattin überhaupt Notiz zu nehmen, sagte er, als setze er ein Gespräch fort, mit seinem Gehstab hinter sich weisend: „Für das Heidengeld, den der Spaß da heute wieder gekostet, konnten hunderttausend arme Leute gekleidet und sattgemacht werden! Und für die Summe, die die Rentkammer den ganzen Monat über für solche Spässe ausgegeben, könnte das ganze Land ein Jahr lang steuerfrei sein!"

Ich mußte nicht ohne Bedauern mit ansehen, wie unser Meister sozusagen aus allen Wolken fiel bei diesen grob hervorgestoßenen Worten. Er hatte sich an dem Schauspiel gefreut, wie er sich an allem, was schön ist, freute. Mit allen Sinnen, ja, fast möchte ich zu behaupten wagen, mit einer geradezu kindlichen Hingabe seines ganzen Wesens. Wie er sich eben allem, was für ihn Kunst war und was ihn künstlerisch beglückte, mit Haut und Haar verschrieb, ohne über Ursach, Folge oder sonstige Begleitumstände nachzudenken. Er lebte, sobald ihn das Schöne ergriffen, gleichsam in eliseischen Gefilden und wußte von dem Augenblick an nichts mehr davon, daß es jenseits selbiger Gefilde einen Cerberus und eine Unterwelt gab, in welcher gequälte Seelen seufzten. Er bekam die steile Falte mitten in die Stirn, die wir an ihm kennen, wenn ihm etwas gegen die Natur läuft, und die so seltsam zu der tiefen Kerbe seines Nasenansatzes steht. Mit der ihm eigenen Courtoisie wollte er dem andern aber auch nicht direkt widersprechen; so sagte er: „Ich hatte den Eindruck, als hätt' es den Bergleuten Freude gemacht, von ihrem Gewerb zu zeugen. Und den Zuschauern auch."

Permoser, der es bei allem Eigenwillen und aller Couleur seiner Einfälle eigentlich nie darauf anlegte, andere zu seiner Ansicht zu bekehren, war bei der Sprunghaftigkeit seines Denkens ohnehin schon ein Stück weiter. „'s war allerdings auch höchste Zeit!", versetzte er brummig. Nachdem er eine ganze Weile nicht ein Wort hatte verlauten lassen, mußte unser Meister wohl fragen: „Wozu?" Der Alte fuhr herum: „Hatten die Perücken nicht schon den ganzen Monat lang nichts weiter angestellt als solchen Hochzeitsspektakel? War's da nicht höchste Zeit, daß sie sich darauf besannen, daß auch dem Volk dabei mal eine Rolle anvertraut werden könnt'? Ausgerechnet eine Stunde vor Torschluß hat man geruht, sich gnädigst herabzulassen!" Herr Dinglinger war sichtlich froh, daß er zustimmend sagen konnte: „Es war schön, daß die Bergleute ein Zeugnis ihrer nutzbringenden Arbeit ablegen durften. Ein bessrer Abschluß der Hochzeitsfeier war nicht zu denken." Worauf Permoser mit einer seiner giftigen Sottissen herausfuhr wie eine Natter: „Von mir aus sollten Fürsten und dergleichen Sippschaft überhaupt nicht heiraten, das führt nur dazu, daß sie Erben in die Welt setzen; ihre Zahl sollt' nicht mehr, sondern weniger werden!"

Der Herr Hofjuwelier, der nach unserm Kutscher Ausschau hielt – wir hatten unsern Wagen in der Nähe des Reisewitzer Parks stehen lassen –, mochte das letzte gar nicht gehört haben. Er fragte Permoser nur, ob er mit uns zur Stadt fahren wolle, wir würden ein wenig zusammenrücken. „Fahren?" rief der Alte, „fahren? Wozu hab ich denn zwei Beine?", stieß den Stock gegen die Erde und warf sich in den dunklen Menschenstrom, der sich der Stadt zuwälzte. Kurz darauf gab es nochmals ein gefährlich Gedränge in der Düsternis:

Die Straße wurde für die Hofkarossen freigemacht. Die Fürstlichkeiten kehrten heim. Im huschenden Fackelschein sah ich, daß die kleine Regina Tränen in den Augen hatte: es war ihr jemand auf den Saum des Staatskleides getreten; allen Kindern hatte man zur Feier des Tages die besten Gewänder angezogen. Ich nahm Regina auf den Arm und trug sie zum Wagen.

Der saturnische Permoser hat in der Folgezeit immer und immer wieder von sich zu reden gemacht. In den von ihm beliebten Vorstadtschänken, im „Schwarzen Bären" an der Elbe, im „Einhorn" am Pirnaischen Tor, im „Blauen Hecht" auf der Ziegelgasse und nicht zuletzt im „Trompeterschlößchen" am See, wo die reitenden Trabanten, die daselbst ihre Dauerwache haben, seine besonderen Freunde waren, hat er nächtelang aufgelegen und gegen die verschwenderischen Hochzeitsfeierlichkeiten gewettert. Wie denn auch kein sonderlich anmaßend auftretender Reisender, sobald er selbigen für einen Angehörigen des Adels hält, nach dem vierten Glas vor seinem Spotte sicher ist.

Aber auch im „Güldenen Ring" am Altmarkt und beim Traiteur Nettel auf der Schössergasse im Schmettauischen Haus, wo sich der Herr Hofjuwelier an zwei Abenden der Woche mit guten Bekannten zu einem solennen „Tabaks Kollegium" (nach Potsdamer Muster) zusammenzufinden pflegte, gab er Gastrollen. Zu dem Männerkreis, welcher allhier einem guten Tropfen alle Ehre antat und dazu holländische Tonpfeifen schmauchte, gehörte neben dem Herrn Landbaumeister Pöppelmann und dem Herrn Hof- und Kommerzienrat Marperger neuerdings auch mein Vater. Von selbigem erfuhr ich die Sache mit dem Denkmal des Prinzen Eugen.

Permoser hatte einem Auftrag des Kaisers in Wien, den ersten Kriegshelden unserer Zeit, den illustren Türkensieger in Stein nachzubilden, und zwar in Gestalt einer sogenannten „Apotheose", von Anfang an widerstrebt. Erst auf heftiges Betreiben unsres Souveräns war er murrend und brummend an die Arbeit gegangen. Was nach vielen Unterbrechungen fertig geworden, stellte wohl eine mythologische Verherrlichung des großen Savoyers dar, ein Werk, welchem ohne weiteres der Stempel des Permoserschen Genies aufgedrückt; und doch war auch ohne weiteres mit viel Originalität ersichtlich gemacht, daß es gegen den Willen seines Schöpfers entstanden: Unter dem Fußtritt Eugens wand sich in Ketten ein älterer Mann, ein Besiegter, dem Wut und Qual das bärtige Antlitz verzerrten. Ein bärtiges Antlitz? Jawohl, das Antlitz Balthasar Permosers.

Gefragt, warum er sein Werk derart verunziert, hatte der Alte grinsend geantwortet: Sein Meißel habe sich gewehrt, einen Mann zu glorifizieren, dessen Handwerk ausschließlich der Krieg gewesen; sein Meißel habe ihm infolgedessen befohlen, selbiges in einer Fußnote auszudrücken. (Dabei hatte Permoser bis zum gewaltsamen Tod Karls XII. vor Frederikshall bei jeder Gelegenheit dessen Lob gesungen!) Natürlich waren sofort Bedenken laut geworden, das Denkmal in der gegenwärtigen Form nach Wien zu expedieren. Nachdem Permoser aber bündig erklärt, er werde nicht den kleinsten Hammerschlag mehr an die Statue wenden, war der Abtransport doch erfolgt. Ergebnis: Verstimmung am Kaiserhof, Verstimmung am Hof zu Dresden und Warschau. Wer sich daran nicht im Geringsten kehrte, war der alte unberechenbare, wunderliche Hagestolz. Geradezu seine Sicherheit und die Freiheit seines Lebens aber setzte derselbe aufs Spiel, als Näheres über die letzten Tage und Stunden Böttgers, des Porzellanerfinders, bekannt geworden war. Selbiger hatte während des Vermählungstrubels im Alter von nur fünfunddreißig Jahren das Zeitliche gesegnet und war heimlich im Dunkel der Nacht auf dem neuen böhmischen Friedhof begraben worden. Es war mit Händen zu greifen, daß er seinen frühen Tod und die körperlichen Leiden seiner letzten Monate durch sein skandalöses Sauf- und Luderleben selber mit verschuldet; es ließ sich aber auch nicht leugnen, daß die Tatsache einer vierzehnjährigen Haft seine Gesundheit untergraben. Fast die Hälfte seines Daseins hatte dieser Unheimliche in Gefangenschaft verbracht, dieser Unglückliche, um dessen Besitz zwei Potentaten sich beinahe verzankt, um dessen angebliche Goldmacherkunst der gewitztere der beiden, eben unser Augustus, mit einer Langmut gerungen, welche zu seiner sonstigen Ungeduld in gar keinem Verhältnis stand; fast die Hälfte seines Daseins hatte der Mann an Eisengittern, welche ihm die Freiheit vorenthielten, vergeblich gerüttelt.

Und eben das sei das Verbrechen, so man an Böttger begangen, ließ sich Permoser alsbald überall vernehmen; man hätte den Mann nicht wie einen Sträfling behandeln sollen. Diejenigen, welche sich der Freiheitsentziehung an ihm schuldig gemacht, seien nichts anderes als seine Mörder! Auf wen er mit solchen Reden zielte, war natürlich allen Leuten klar. Es bleibt zu verwundern, daß sich damals der grimmige Greis nicht einen Strick um den Hals zog. Freilich, derjenigen, welche ebenso dachten, waren nicht wenige, und der Hof war wieder einmal weit weg, er hielt sich in Warschau auf. Mit Pöppelmann arbeitete der Souverän auch dort an den Plänen eines Wunderschlosses, welches seine Treppen und Altane auf bisher beispiellose Art an ein fließend Wasser vortragen sollte. Hatte ihm der unbequeme Adept in Dresden auch nicht den Stein der Weisen erbracht, hatte er ihm doch durch die Porzellanerfindung eine neue Quelle unermesslichen Reichtums erschlossen. Damit konnte man sich, wie die Dinge lagen, zufrieden geben. Daß unser Augustus auf Grund seines hellen Verstandes sich längst ein Urteil über das Wesen seiner vier Leibkünstler gebildet, geht übrigens aus einem Ausspruch hervor, welcher schon seit Jahren durch die Kammern und Vorzimmer getragen wurde und den ich hier mit aufzeichnen will.

In Pillnitz oder in Moritzburg nach der Tafel, als er wieder einmal von Schönrednern, an denen in seiner Umgebung kein Mangel, über den grünen Klee gelobt worden war ob seiner Weisheit, mit der er es verstanden, vier so extraordinäre Ministranten seiner künstlerischen Pläne zu sich heranzuziehen, soll er sich lachend etwa folgendermaßen geäußert haben: „Meine vier Goldfasane? Ja, die sind eine Rarität für sich! Zwei davon mögen mich nicht. Der eine, der Apothekerkerl, ist mir in allem innerlich entgegen; freilich, ich kann's verstehn, wenn ich bedenke, wie lange ich ihn schon an der Strippe halte wegen seiner Geheimnisse! Der andre, der Permoser, möcht' am liebsten allen Fürsten den Hals umdrehn, mir nicht zuletzt, jedoch ich brauch ihn, den alten Krakehler! Die andern beiden dagegen mögen mich leiden. Der Pöppelmann, ebenso durchtrieben wie höflich, läßt sogar gelegentlich meine eigenen Baupläne gelten! Und der Dinglinger, der schwäbische Reichsstädter, hat sichtlich Gefallen an meiner Art, es sagt ihm zu, daß ich nicht kleinlich bin. Aber machen? Machen tut letzten Endes jeder der vier nur, was er selber will. Sie haben's mächtig hinter den Ohren, meine vier Goldfasane!"

Nun war der eine tot, der jüngste, der abenteuerlichste, der halbe Schwindler! Alles in allem: ein erbarmungswürdiger Mensch, ein spintisierender Einzelgänger, ein Glückssucher, der an der Unzulänglichkeit der Zeit zerbrach! Leider war Böttgers Tod, der im Dinglingerschen Hause fast allen tief zu Herzen gegangen, nicht der einzige Sterbefall, der seine Schatten über uns warf! Der fliegende Saturn mit Stundenglas und Hippe, dessen Geschäft die Gottesäcker füllt, dachte nicht daran, etwa um das Haus an der Frauengasse einen Bogen zu machen. Nachdem der Herr Hofjuwelier seine dritte Ehe eingegangen war und zwar mit der Jungfrau Anna Elisabeth Ebin aus Dresden, war ein Jahr darauf das erste Kindlein dieses Bundes, ein Töchterlein, schnell ein Opfer des Sensenschwingers geworden; es hatte nur ein paar Stunden geatmet. Ein Zwillingspaar von Knaben, im nächsten Jahr geboren und auf die Namen Rudolf und Heinrich getauft, half die Lücke schließen. Es mochte aber selbiges Paar den Lebenskräften der Mutter allzustark zugesetzt haben; denn schon im vierten Jahr dieser dritten Ehe ging Frau Anna Elisabeth mit Tode ab. Meine pflichtschuldige Betrübnis wurde ein wenig dadurch gemildert, daß ich seit längerer Zeit den Eindruck nicht losgeworden, diese nicht mehr junge, aber sehr verwöhnte Frau, Tochter eines reichen Mühlenbesitzers, sei zum mindesten seit der Geburt der Zwillinge den vorhandenen Söhnen und Töchtern und nicht zuletzt meinem Liebling Regina keine gute Stiefmutter gewesen.

Ein anderer Todesfall, der sechs Monate später erfolgte, schien den Herrn Hofjuwelier noch ein wenig mehr in Mitleidenschaft zu ziehen: Ausgerechnet am Heiligen Weihnachtsabend des Jahres 1720 gab nach kurzem Krankenlager Herr Georg Friedrich, der nächstältere Bruder unsres Meisters, im Alter von vierundfünfzig Jahren seinen Geist auf. Mit ihm verlor der Herr Hofjuwelier seinen vorzüglichsten Mitarbeiter, dessen Hauptstärke in emaillierten Bildnissen und Emailmalereien gelegen. In den Figuren des großmogulischen Hofhalts hatte er den berühmten Bruder kongenial unterstützt, aber auch exzellente Einzelstücke, welche ganz von seiner Hand stammen, prangen im Grünen Gewölbe; so war meines Wissens unser Meister besonders von dem Emailbildnis der großzarischen Majestät, welches Herr Georg Friedrich geschaffen, sehr angetan. Er starb an einer Blutvergiftung, die er anfangs zu leicht genommen; auch der Doktor Bartholomä, der königliche Leibarzt, den man zugezogen, konnte schließlich nicht helfen. Er hinterließ seine zweite Frau, eine geborene Wielandin aus seiner schwäbischen Vaterstadt – auch seine erste

Frau war eine Biberacherin gewesen – und mehr als ein Dutzend Kinder beiderlei Geschlechts.

Der Herr Hofjuwelier hatte ihm auf dem Sterbebett in die Hand versprechen müssen, sich dieser Kinder anzunehmen; wie ich unsern Meister kenne, hätte es des Versprechens gar nicht bedurft. Derselbe ließ den Bruder beisetzen in dem neuen Schwibbogen, welchen er auf dem Böhmischen Friedhof erworben, wo allbereits seine drei Frauen liegen mit denjenigen ihrer Kinder, so nicht lebenskräftig gewesen. Lange lag ein Trauerschatten auf dem Gesicht des Herrn Hofjuweliers, welches so gern fröhlich war. Zusammen mit der Zeit half den Betrübten nach und nach die vermehrte Arbeit trösten, dazu die Tatsache, daß in eben diese Arbeit sein ältester Sohn, mein lieber Johann Friedrich, hineinwuchs. Selbiger hatte schon immer die besten Anlagen zur Dinglingerschen Kunst gezeigt; jetzt erwies sich, daß er wohl berufen, später einmal die Stelle, die sein Oheim innegehabt und in die jetzt Herr Georg Christoph eingerückt, vollgültig auszufüllen.

Einen weiteren Trost schenkte dem Herrn Hofjuwelier eine längere Reise in seine schwäbische Heimat, wo in Biberach unweit des Spitaltores das Giebelhaus steht, in dem er vor siebenundfünfzig Jahren geboren. Seine alten Eltern, den Messerschmied Konrad Dinglinger und Frau Anna Maria, Tochter des Goldschmiedemeisters Schopper, fand er freilich nicht mehr am Leben. Wohl aber streckten ihm (nach seinem späteren Bericht) zahlreiche Verwandte und Freunde erfreut die Hand entgegen. Sichtlich verjüngt und erfrischt erschien er wieder in Dresden. Und was brachte er mit? Ein neues Eheglück. In der Tochter der Verwandten einer seiner Schwägerinnen, in der Jungfrau Maria Susanna Gutermann, die fünfundzwanzig Lenze zählte, glaubte er, eine für ihn wohlgeeignete neue Gefährtin gefunden zu haben, mithin seine vierte Ehefrau. Sie war ein blühend Geschöpf mit einer Fülle blonden Haars und herzlich guten fröhlichen Augen. Die Wimpern, welche über diesen Augen standen, waren ebenso goldblond wie ihr Schopf; das gab ihr ein sonderlich bestrickend Aussehen. Ich hatte auf der Stelle das beruhigende Gefühl, sie würde allen vorhandenen Kindern eine Freundin und wohlwollende Stiefmutter sein. In ihrem heiteren Temperament und ihrer schwäbischen Natürlichkeit paßte sie ausnehmend gut zu unserem Meister, sodaß bei seiner überschäumenden Lebenskraft der Unterschied der Jahre nicht ins Gewicht fiel. Sie füllte das Haus alsbald mit Lachen und Trillern von oben bis unten, denn wir alle wurden von ihr mitgerissen; eine Lust war es, sie mit ihrem Herrn Ehegemahl schwäbeln zu hören. Er wurde denn auch wieder ganz er selbst in ihrer Gesellschaft und unter ihrer Pflege; gehörte zu ihren Talenten doch auch eine nicht zu verachtende nahrhafte wie wohlschmeckende Kochkunst.

    Ja, ich glaub', es war von selbigem Zeitpunkt an, daß des Meisters Riesenfigur in der Breite noch etliche Zoll zunahm. Da gerade der Berliner Hofmaler Pesne sich wieder einmal in Dresden aufhielt, ließ der Herr Hofjuwelier zu seinem bereits vorhandenen Porträt ein Gegenstück machen, welches seine junge Ehefrau darstellte. Von allen Betrachtern wurde es nachher als höchst gelungen bezeichnet. Frau Maria Susanna paradierte in Samt und Seide mit Fächer und Federhut, und es blieb nur zu bedauern, daß der Maler an ihrer weißen Hand den Delphinring nicht hatte sehen lassen, den kostbaren, vom Meister selbst geschaffenen Dinglingerschen Ehering, den sie nun als vierte Gattin tragen durfte. Wohl aber war auf einem Tischchen daneben eine Pomeranze zu sehen. Mit solch seltenen Früchten und anderen Kostbarkeiten pflegte der Herr Hofjuwelier die neue Gefährtin zu beschenken. Als es unserm Souverän tatsächlich gelungen war, auf den Wunsch der Dönhoff hin die ersten chinesischen Goldfische in Dresden einzuführen, war unser Meister einer der nächsten, welcher sich etliche dieser mirakulösen Kreaturen zu verschaffen wußte. Sie machten das Dach unseres Hauses, wo sie in der großen Zisterne bewundert werden konnten, erneut zu einer der vornehmsten Sehenswürdigkeiten der Stadt. Unvergeßlich der Anblick, wie sich in der Folgezeit bei vielen Gelegenheiten die gepuderten Antlitze eleganter Frauen über den goldenen Fischen im Wasser spiegelten. In der Klausur dieser Aufzeichnungen darf ich wohl behaupten, daß sich auch die Schönheit der jungen Ehegattin, die bald die ebenso schöne Mutter eines Knaben wurde, neben der nunmehro sechzehnjährigen Lieblichkeit meiner Regina nicht zu behaupten vermochte.

V
DER ALTAR DES APIS

Hofsekretarius Moritz Rüger berichtet: Als unser Augustus nach dem Tode Johann Sobieskys seinen begehrlichen Blick zuerst auf die polnische Königskrone geworfen hatte, war er sich natürlich bewußt gewesen, daß es sich um eine katholische Königskrone handelte und daß ein evangelisch getaufter Bewerber von vorn herein nicht die geringsten Aussichten haben würde. Seiner praktischen Intelligenz und seinem ungezügelten Ehrgeiz konnte selbiges kein unübersteigbar Hindernis bedeuten, er hatte sofort begriffen: Obwohl er der Herrscher eines lutherisch gesinnten Landes war, mußte er die andere Konfession annehmen; es sei denn, er verzichte auf die wirksame Fortsetzung der altwettinischen, nach Osten gerichteten Politik. So war er 1697 in Baden bei Wien zur katholischen Kirche übergetreten. Sein Stammland hatte er mit dem Hinweis beruhigt, daß er nur für seine Person übergetreten sei und daß er, wie eins seiner Dekrete sich vernehmen ließ, seine Untertanen bei der Augsburgischen Konfession kräftigst erhalten und handhaben werde. Seine landesbischöflichen Rechte waren einigen in evangelicis beauftragten Geheimen Räten übertragen worden, und den wenigen bereits vorhandenen sächsischen Katholiken gegenüber wurden Zugeständnisse nur mit äußerster Vorsicht gemacht. Erst nach zehn Jahren hatte man ihnen in Dresden eine eigene Pfarrkirche bewilligt, nämlich das alte, zu diesem Zweck umgebaute Komödienhaus am Zwinger. Als aber abermals zehn Jahre später auch der Kurprinz seinen Glauben gewechselt hatte, war eine neue, diesmal um vieles gefährlichere Welle der Entrüstung durch das Land gegangen, fühlte sich Sachsen doch noch immer nicht ohne Stolz als die Wiege der Reformation. Andersgläubigkeit des Herrscherhauses – nur die Königin Christiane Eberhardine zu Pretzsch war ihrer alten Konfession treu geblieben – mußte als eine dauernde Unruhequelle empfunden werden. Es knisterte hier, es züngelte dort wie in einer Scheuer, in welcher ein Funke nistet.

So lagen die Dinge, als ein entsetzlicher Zwischenfall – der Hof war wieder einmal in Polen – beinahe den Windstoß gespielt hätte, der den Feuerbrand lichterloh entfachte. Heute, nachdem die ganze Angelegenheit abgeschlossen und es an Einzelberichten nicht mangelt, kann ich erzählen, als wär' ich dabei gewesen: Es handelte sich um den Archidiakonus der Kreuzkirche, den Magister und Mittwochsprediger Hermann Joachim Hahn, der seinerzeit unsere liebe Regina wie auch manches folgende Dinglingerkind getauft hatte; denn unser Haus gehörte zum Sprengel der altehrwürdigen Kirche zum Heiligen Kreuz. Wir begegneten ihm manchmal in den Gassen und begrüßten ihn. Dann dankte er stets mit einer gewissen Zurückhaltung im strengen, ein wenig verkniffnen Gesicht; waren wir doch keine evangelischen Christen nach seinem Sinn, lebten wir ihm doch zu sehr, wie er einmal der Frau Anna Elisabeth, der einzigen regelmäßigen Besucherin seiner Andachten, geklagt hatte, in der dünnen Luft der Mythologie. Selbiger Magister Hahn hatte vor drei Jahren einen Katholiken zum lutherischen Bekenntnis bekehrt. In der Freude seines eifervollen Herzens, daß ihm die Tat, welche viel Aufsehen erregt, gelungen, hatte er seinem Täufling sogar, zufällige Beziehungen ausnützend, eine

Stelle in evangelischen Diensten verschafft, eine Stelle bei den reitenden Trabanten des Prinzen Adolph von Weißenfels. Nun saß der Herr Archidiakonus an einem Frühlingstag des Jahres 1726 – es stand der einundzwanzigste Mai im Kalender und es war sehr schwül für diese Zeit – mit seiner Familie am Mittagstisch, als die Hausmagd einen Besucher, welcher sich durchaus nicht abweisen lassen wollte, meldete. Wer es denn sei? – Ein Mann in einem Tressenrock, er wolle seinen Namen nicht nennen. – Den Namen müsse er nennen, die Magd möge ihn nochmals befragen. – Die Magd kam wieder: Der Mann sei ziemlich aufgeregt, er heiße Franz Laubler – „Ja, wenn's der ist", hatte der Herr Archidiakonus gesagt und war aufgestanden, „dann muß ich wohl!" – Es war just jener Katholik, welchen er seinerzeit evangelisch gemacht. „Iß wenigstens deine Suppe auf", hatte die Frau gesagt. Aber der Magister hatte sich nicht halten lassen. „Wenn's der Laubler ist." – Schon war er zur Tür hinaus.

Draußen im Zwielicht der Stiege sah er in ein verzerrt Gesicht, in zwei böse flackernde Augen. „Um Gottes willen, Laubler, womit kann ich ihm –." Aber schon hatte der Mann ihn angesprungen und ihm mit einem Messer einen Stich in den Nacken versetzt. „Jawohl, um Gottes willen, du Ketzer!", hatte er gekeucht und immer von neuem zugestochen. Blutüberströmt war der Magister zusammengebrochen. Als Frau und Kinder, durch den dumpfen Fall aufgescheucht, aus der Tür stürzen, was sehen sie da? Einem, der in den letzten Zuckungen liegt, versucht ein Rasender die Hände mit einem Strick zu binden. „Jesus hilf!", röchelt der Sterbende und ist nicht mehr. Der Mörder poltert die Treppe hinunter. Als sich Frau und Kinder über den Toten werfen, entdecken sie drei fünfzöllige Nägel und eine Rute aus Birkenreisern in der Blutlache. Auch den Absatz eines Schnallenschuhs. Hat der Überfallene sich durch eine schnelle Wendung dem Mordstahl entziehen wollen, sodaß ihm am Schuh der Absatz brach? Hat der Mörder sein Opfer mit der Rute auspeitschen und mit den drei Nägeln kreuzigen wollen? O Jammer! Die einzige, welche ihre Geistesgegenwart behält, ist die Anna Füßlerin, die Pfarrmagd. Sie stürzt dem Flüchtigen nach auf die Straße, obwohl er ihr droht; sie schreit „Hilfe! Hilfe!" und zeigt mit den Fingern auf ihn; sie verfolgt ihn über den Altmarkt, durch die Schössergasse, durch die Rosmaringasse, in die Schloßstraße. Eine Wolke von Brüllenden hinter ihr drein: „Haltet ihn! Haltet ihn!" Die Schloßwache verstellt ihm den Weg. Er läßt sich, ohne sich zu wehren, Handschellen anlegen. Er keucht mit rollenden Augäpfeln: „Einen Ketzer, ich hab einen Ketzer kaltgemacht." Er hebt die Fesseln zum Mund. Wozu? Er küßt die Fesseln.

Ein Irrsinniger, ohne Zweifel ein von religiösem Wahnsinn Befallener hatte eine furchtbare Tat vollbracht. Das Volk ließ keine mildernden Umstände gelten, es war sich einig in der Meinung: Die Gegner der Reformation schürten zu einem neuen Glaubenskrieg! Eine ungeheure Aufregung in Stadt und Vorstädten war die Folge. Der Rat mußte die Bürgerwehr einberufen. Der Gouverneur mußte Soldatenpatrouillen durch die Gassen schicken. Von zweihundert Bewaffneten flankiert, wurde der Mörder gegen Abend ins Stockhaus gebracht. Beispiellos war in den nächsten Tagen das Gedränge des Volkes vor dem Pfarrhaus der Kreuzkirche: Alle wollten den toten Prediger sehen. Der Hahnschen Witwe mußte vor die Tür eine Wache gestellt werden, welche die Leute abwehrte. Als gar ein Gerücht zu kreisen begann, in der Frauenkirche sei ein Kandidat auf der Kanzel bedroht worden, wurden auch die Wohnungen des Superintendenten und der übrigen evangelischen Geistlichen mit Wachen versehen.

Der sehr geschätzte Superintendent Löscher, welcher ein gewaltiger Orator war, versuchte vom Erker des Rathauses aus die Volksmassen zu beruhigen. Ich sehe ihn noch mit den Armen rudern in seiner schwarzen Tracht, über welcher die gepuderte Perücke sich so befremdlich ausnahm; neben ihm war im Fenster die Greisengestalt des Grafen Wackerbarth zu erkennen, des Gouverneurs. Auch diese Bemühung änderte nicht viel an der Sache. Am 24. Mai wurde der Ermordete auf dem Johannisfriedhof, so auch der böhmische Friedhof genannt wird, beerdigt. Zwanzig Kandidaten trugen den Sarg, von ebensoviel Mann Bürgerwehr mit blanker Waffe eskortiert. Die Angehörigen wurden in zwei schwarzen Karossen hinterdrein gefahren. Der Gottesacker war abgesperrt. Das Volk benahm sich wie toll, es überkletterte die Mauern und rumorte zwischen den Gräbern. Noch am selben Tag rückten zwei Regimenter Infanterie und ein Regiment Kavallerie in die innere Stadt; vor der Hauptwache auf dem Neumarkt fuhren zwei Kanonen auf. Bis zum 6. Juni wurde die offizielle Leichenfeier hinausgeschoben, um der Erregung der Gemüter nicht von neuem Nahrung zuzuführen. Da die Leichenfeier, als sie schließlich stattfand, in der alten baufälligen Frauenkirche anberaumt worden, konnten nur einige hundert Leidtragende zugelassen werden. Tausende standen im Freien. Als die Witwe mit vier Söhnen und zwei Töchtern in ihren Trauerkleidern erschien, schluchzte der ganze Platz. Der Trauerchoral, welchen der Diakonus Krug in Dippoldiswalde auf den letzten Seufzer des armen Opfers „Jesus hilf" gedichtet hatte, war gedruckt worden, die Zettel wurden den Leichenbittern aus den Händen gerissen. Der Herr Superintendent sprach vom laut redenden Blut eines unschuldig gemordeten Abel und machte, daß die Kirche in Tränen schwamm.

Noch weiter muß die Hinrichtung des Mörders, welcher inzwischen zum Tod durchs Rad verurteilt worden, hinausgezögert werden. Die Gemüter wollen sich nicht beruhigen. Beide Parteien hetzen durch Flugschriften, bis der Gouverneur dieselben verbietet. So wirken ungeheuerlich die Vorkehrungen, welche man trifft, damit am 18. Juli die blutige Prozedur auf dem Altmarkt ungestört vor sich gehen kann. Ein neues Wachthaus, vor dem vier Kanonen drohen, hat man hier errichtet. Die halbe Garnison sperrt in Viererreihen den Platz und die Straßen vom Stockhaus her ab. Sechshundert Mann Bürgerwehr und einige Schwadronen Kürassiere stehen schwer bewaffnet bereit. Fünf Ellen hoch ragt mitten auf dem Markte das Schaffott. Als sich der Delinquent innerhalb seiner Eskorte nähert, recken sich Tausende von Fäusten ihm entgegen. Gebrüll auf Gassen und Plätzen, welche er passieren muß, bezeichnet seinen Weg. Als er endlich oben auf dem Schaffott erscheint, erhebt sich ein Tumult von solcher Penetranz, daß man glaubt, die Häuser müßten einfallen wie weiland die Mauern von Jericho. Den Kopf zwischen die Schultern gezogen, steht der Mörder. Man sieht, daß ein Mönch, sein Beichtvater, auf ihn einredet, sichtlich erfolglos; er schüttelt den wirren Kopf, er will offenbar nicht bereuen. Da, ein Schrei, ein markerschütternder Schrei des Hasses und der Rache: Der Schlag des Henkers hat ihn gefällt, durch zwölf Stöße wird er von unten herauf gerädert. Namenlose Erregung verzittert in dumpfem Trommelgewirbel.

Auch in den folgenden Wochen, da der Körper des Gerichteten, drüben hinter der Neu-Stadt beim „Sand" aufs Rad geflochten, schon den Raben zum Fraß bereitet war, wollten sich Stadt und Vorstädte noch nicht beruhigen. Immer und immer wieder kam es zu Aufläufen in den Gassen. Jetzt aber waren es weniger die gegeneinander aufgewiegelten Konfessionen, jetzt gaben unter den Tumultuanten mehr die arbeitsscheuen Elemente, so aus allerlei Verstecken zum Vorschein gekommen, den Ton an: entlohnte Porzelliner aus Meißen, fremde Scharwerker, entlaufene Handwerksgesellen, geflüchtete Soldaten. Erst, nachdem der Gouverneur zwei Deserteure hatte erschießen lassen und erst, als der König aus Polen zurückgekehrt war, trat nach und nach wieder Ruhe ein.

Der Souverän verstand es aufs fürtrefflichste, durch Schaustellungen und Assembleen den aufgehäuften Groll zu zerstreuen, wie er auch in einem überall ausgetrommelten Dekret seinen evangelischen Landeskindern von neuem genaueste Wahrung aller ihrer Rechte versprach. Dabei war er sorglos genug, den mit Mühe hergestellten Frieden selber von neuem zu gefährden: Seinen mit Pöppelmann ausgearbeiteten Bebauungsplänen der Neu-Stadt stellte sich die eben unter Dach gebrachte Hauptkirche dieses Stadtteils entgegen. Kurzerhand befahl er, selbiges Gotteshaus niederzureißen, dieweil es die Durchführung der Hauptstraße als breite Avenue behindere. Der Neustädter Kirchgemeinde bemächtigte sich alsbald große Aufregung, der empörte Rat weigerte sich, dem Befehl Folge zu leisten, die Geistlichen eiferten von neuem von den Kanzeln. Daraufhin dekretierte der König in seiner bestechenden Großzügigkeit: Die Kirche müsse unweigerlich weg, aber er sei bereit, zum Bau einer neuen Kirche, welche nur etliche Klafter seitlich gegründet zu werden brauche, 50 000 Taler aus seiner Privatschatulle zur Verfügung zu stellen. Ergebnis: Die Kirche sank, um in nächster Nähe von neuem emporzuschnellen, die Avenue schoß alsbald breit und ungehindert – junge Platanen sollten sie später in zwei Reihen flankieren – dem Schwarzen Tor zu, die Königsstadt war um eine architektonische Verschönerung reicher. Dem Osten, welchem die neue Prachtstraße geradlinig zustrebte, wurde quasi eine völkerverbindende Hand auf die liebenswürdigste Weise entgegengestreckt. Möge allhier alsbald nur Gutes und Ersprießliches, so sollte die Straße wohl sprechen, hin und wider wallen!

Auch die neue Favoritin in Augusts Herzen, von welcher die Dönhoff siegreich abgelöst worden, war aus dem Osten gekommen. Es war eine jugendschöne, dunkeläugige Warschauerin, die dem Alter nach des Souveräns Tochter hätte sein können (wofür sie denn von Übelgesinnten auch gehalten wurde), welche nunmehr hier und in Polen als Königin der Feste agierte. Er hatte sie zu einer Gräfin Orzelska gemacht und freute sich ihrer jungen Jahre. In sein Verhalten zu ihr mischte sich, wie viele wissen wollten, etwas Väterliches, neigte sich doch sein Tag, so stürmisch er sich auch noch gebärden mochte, leise dem Abend zu. Unter denen, welche unserm Augustus die neue Mätresse besonders verargten, stand Permoser obenan. Er spottete: König David, dem das Harfenschlagen immer schwerer falle, habe sich eine Abisag von Sunem zugelegt, auf daß sie seine erkaltenden Glieder wärme; Simson, der Löwenbändiger, sei einer Delila in die Netze gegangen, die schon dafür sorgen werde, daß ihm kein Haar auf dem Kopfe bleibe! Zur Zeit weilte der griesgrämige Alte nicht in Dresden; er hatte sich zum drittenmal auf eine Wallfahrt nach Rom begeben; selbige gedachte er diesmal ganz zu Fuß auszuführen.

 In das Dinglingersche Haus hatten die geschilderten Ereignisse eine Flut von Aufregung hereingespült. Am wenigsten schien fürs erste der Herr Hofjuwelier selber berührt. So sehr seiner Menschenliebe das Schicksal des Predigers naheging, so wenig der Streit der Konfessionen seinem Gerechtigkeitsgefühl entsprach, sein großes Gesicht strahlte auch in diesen aufgewühlten Tagen jene gleichmütige Besonnenheit aus, die wir an ihm kannten, und nicht ein Wort, welches nicht voll Maß und Gleichgewicht gewesen, kam von seinen Lippen. Wie ihn aber die Dinge innerlich bewegten, konnte ich dem Bruchteil eines Gesprächs entnehmen, dessen unfreiwilliger Zeuge ich wurde. Dies geschah, als ich bei angelehnter Tür im Nebenzimmer nach meinem verdeutschten Vergilius suchte, den die Mädchen, mit denen ich ihn las, verkramt hatten. Ein Herr der Hofgesellschaft – wie ich nachher erfuhr: der gräfliche Intendant der königlichen Gärten – hatte unserm Meister einen Besuch abgestattet. Er hatte eine Tabatiere in Auftrag gegeben, welche mit ganz bestimmten Steinen geschmückt werden sollte. Mit der Auswahl selbiger Steine mochten die beiden die Zeit vorher verbracht und beiläufig auch die Hahnsche Affäre erörtert haben.

Nun hörte ich unsern Meister sagen, und es war mir, als sähe ich ihn zu seinen Worten ein wenig mit dem linken Auge zwinkern: „Rubine und Saphire sind Kinder ein und derselben Mutter, Euer Gnaden. Jeder dieser edlen Steine hat seine eigene Farbe und sein eigen Feuer. Aber sie beide meinen dasselbe, wenn sie strahlen, und man hat noch nicht gehört, daß sie einander feindlich. So müßten es die Evangelischen und die Katholischen auch halten". „Süperb!", versetzte der Besucher und mochte dabei wohl ein wenig lächeln. „Aber das Reich Ihrer Steine ist nicht das Reich der Welt, Verehrtester!"

Worauf eine kleine Pause entstand, bis der Herr Hofjuwelier sich wieder vernehmen ließ: „In meiner Heimat Biberach, Euer Gnaden, haben sie, seit ich denken kann, die Parität. Evangelische und Katholische benützen dasselbe Gotteshaus, und in der Verwaltung im Großen Rat wechseln sich die Konfessionen ab." „Tiens", rief der Besucher, „wie drüben in der Hauptkirche zu Bautzen, eins meiner lausitzischen Dörfer ist dorthin eingepfarrt!" Ein Stuhl rückte, der Besucher schien aufzustehn. Mit heiterem Nachdruck in der Stimme sagte er, während er dem Hausherrn vermutlich die Hand drückte: „Bleiben wir also dabei: Rubine und Saphire – oder lassen Sie mich in meiner Gärtnersprache sprechen: Orangen und Pomeranzen sind Kinder einer Mutter, nämlich der Zitrone! Mögen sie sich vertragen!" Lachend entfernten sich die Stimmen, indes ich mir die nachdenkliche Sentenz alsogleich hinten in meinem Virgilius vermerkte.

Noch viel eindringlicher aber, sollte ich bald erkennen, ging der Herr Hofjuwelier in der großen Arbeit, welche er alsbald in Angriff nahm, den Erlebnissen der letzten Wochen nach. Ich hatte den Vorzug, wieder sein wissenschaftlicher Helfer sein zu dürfen. Aus dem königlichen Kronschatz waren ihm vor geraumer Zeit einige altägyptische Kostbarkeiten zu gelegentlicher Verwendung übergeben worden, eine Anzahl Gemmen mit Hieroglyphen und heiligen Käfern und zwei ansehnliche Sardonixplatten, eine rechteckige und eine runde, auf denen ein Künstler älterer Observanz Zeremonien aus dem ägyptischen Götterkult dargestellt hatte. Wie man aus gelehrten Schriften, nicht zuletzt aus einer neuerdings erschienenen archäologischen Enzyklopädie des französischen Forschers Bernard de Montfaucon weiß, spielt in der Religion des Nillandes neben anderen heiligen Tieren ein Stier eine extraordinäre Rolle, ein schwarzer Stier mit einem weißen Dreieck auf der Stirn, welcher den Namen Apis führt. Derselbe wird in einem tempelartigen Stall gepflegt, bis er stirbt. Dann muß sofort ein neuer Apis gefunden werden. Während auf der runden Platte unter dem Email hervor zwei Gottheiten schimmerten, die, feierlich auf ihren Thronen sitzend, wohl als Isis und Osiris anzusprechen waren, unter deren Schutz der Apis stand, hatte der fremde Künstler auf der rechteckigen Plate in Halbrelief eine Szene herausgearbeitet, die sich offenbar mit dem Eingang eines alten Apisstiers in das Totenreich befaßte. Zwischen zwei Wunderbäumen präsentierte sich, in einer Opferhandlung begriffen, eine menschliche Gestalt. Was aber trug sie zwischen den Schultern? Den Kopf eines Hundes.

An solchen Vorstellungen einer für unsre abendländischen Begriffe überaus rätselhaften Religion nahm der Herr Hofjuwelier in seiner gründlichen Art plötzlich derart starken Anteil, daß ich mich immer wieder fragte, wie er wohl dazugekommen sein mochte. Bis ich mir eines Tages den Sachverhalt so zurechtgelegt: Indem er seine sublime Kunst dem Kultus einer dritten Religion – und sei es auch einer vergangenen und wahrhaft mirakulösen – dienstbar machte, wollte er sich wohl selber darüber trösten, daß es ihm, wie keinem von uns, nicht vergönnt, den schmerzlichen Unterschied zwischen evangelischen und katholischen Christen aus der Welt zu schaffen. Er bemühte sich, wie er mir gestand, die Tatsache seiner nicht allzu kirchlichen Gesinnung dadurch ein wenig auszugleichen, daß er sich vor einer fremden, andersgearteten Frömmigkeit tief verneigte, daß er einem uralten Kultus, welcher ihn in seiner kindlichen Urwüchsigkeit irgendwie ergreifen mochte, geradezu einen Altar aufrichtete. Denn ein Altar war es in der Tat, den der Herr Hofjuwelier alsbald aus seiner unerschöpflichen Phantasie emporwachsen ließ, ein Altar des Apis aus Kalkstein, Pappenheimer Marmor, Gold, Silber und Juwelen, der alle seine bisherigen Kabinettstücke an Größe weit übertraf.

Jahrelang sollte unsern Meister dieses Werk beschäftigen und von anderen, vielleicht zweckmäßigeren Arbeiten abhalten. Gab er sich aber einmal einem Werke hin, so geschah das stets mit seinem gesammelten Wesen und seiner ganzen Persönlichkeit, sodaß es manchmal wohl scheinen mochte, als hantiere er auf einer fernen einsamen Insel. Ich konnte den Eindruck nie recht los werden, daß er hier auf dieser ägyptischen Insel sein Genie an einen Gegenstand verschwendete, welcher die Entfaltung seiner ureigensten Anlagen nicht zuließ und welcher seine Fertigkeiten auf Abwege führte. Selbiges auszusprechen wäre mir aber gewißlich nicht zugekommen; wäre es doch auch gänzlich fruchtlos gewesen, den Herrn Hofjuwelier aufzuhalten auf einem Weg, welchen er mit seinen gewichtigen Schritten nun einmal betreten; schon an seinem schwäbischen Eigensinn wäre ein solch Unterfangen gescheitert. Er muß jedoch selber zuweilen am Gefühl einer gewissen Unbefriedigtheit gelitten haben, wenn er es auch nicht aussprach; denn in den Jahren, da er sich mit seinen Gedanken zuweilen mehr in Memphis aufhielt als in Dresden, ist die

steile Falte mitten auf seiner Stirn, welche Unmut ansagte, häufiger zu sehen gewesen als früher. Das Werk ist eigentlich auch nie recht fertig geworden; mir will scheinen, mein lieber Johann Friedrich, welcher sich immer aussichtsreicher zu einem Goldschmied von Dinglingerscher Capazität entwickelt, wird es einst vollenden.

Nun dürfte es aber an der Zeit sein, mit einer Beschreibung des Kunstwerks nicht länger hinter dem Berg zu halten: Auf drei silbervergoldeten breiten Stufen erhob sich mit schräg vorgezogenen Eckpfeilern ein Unterbau aus graugelbem Marmor, welcher aus neun Tafeln voller Götterbilder und Hieroglyphen bestand und am Gesimsfries mit Gemmen aus Achat und Chalzedon geschmückt war. Selbiger Unterbau trug den eigentlichen Altar, in dessen Vorderwand die übernommenen Sardonixplatten auf geschickteste Art eingelassen worden waren. Da dieselben sich jedoch, wie ich bereits berichtet, mit Darstellungen befaßten, welche auf den Tod eines alten Apisstiers zielten, hatte der Künstler ihnen eine aus der Maßen gefällige, mit den bei den Sockelbogen nach der Mitte zu schweifende Mormornische untergeschoben. Und was begab sich in selbiger Nische? Da kam auf dem Nil, welchen zwei brillantenbesetzte Krokodile versinnbildlichten, eine Barke geschwommen, die einen goldenen Baldachin von subtil durchbrochener Arbeit trug. Vorn hockte in feierlicher Haltung ein Priester, hinten ruderte ein zweiter. Zu wessen Verherrlichung aber diente der Baldachin? Unter demselben stand, aus Ebenholz geschnitzt, mit Juwelen behängt, ein gliederstarker, edelgeformter Stier, eben der neugefundene Apis, der so seinem Heiligtum in Memphis zugeführt werden sollte. Indem ein wohl abgewogen Wechselspiel von Figuren und Zierarten aus Amethysten, Smaragden, Saphiren und Perlen zwischen der Nische und den beiden Sardonixplatten vermittelte, lief oben der geschweifte Giebel des Altars, von zwei

Sphinxen flankiert, schließlich in einen riesigen Obelisken aus, auf dessen Spitze ein goldener, weißemaillierter Ibisvogel die Fittiche auseinanderschlug.

Also war (bei oberflächlichster Beschreibung) das Werk beschaffen, welches den Herrn Hofjuwelier über die bewegte Zeit, so der Ermordung des Magisters Hahn folgte, hinweghalf und ihm die erwünschte Ruhe seines Innern wenigstens zum Teil verbürgte. Ich als sein Mitarbeiter brachte die Bücher herbei, aus denen er seine ägyptische Wissenschaft zog, und verdeutschte dieselben, soweit sie in fremden Sprachen geschrieben. Auch übersetzte ich ins Lateinische eine von ihm selbst verfaßte Erklärung, wieviel Mühe und Kosten das Werk verursacht und daß es Kenntnis ferner Völker und Länder, sowie Respekt vor einer fremden Religion lehren wolle; diesen Wortlaut gedachte er in Antiquaschrift auf einer silbervergoldeten Platte an der Rückwand anzubringen.

In stärkerem Maße von den Ereignissen beunruhigt als er zeigten sich die meisten übrigen Hausbewohner, schien es doch, als gehöre die blutige Tat des wahnsinnigen Trabanten einem Zuge allgemeinen Unheils an, welches gleichsam mit Fledermausflügeln über Land und Stadt hinschwebte.

Die Malefizknochen unterm Rad drüben in der Neu-Stadt waren noch nicht gebleicht, als schon wieder eine Hinrichtung, diesmal draußen vor dem Wilsdruffer Tor, die Gemüter mit Angst und Abscheu erfüllte. Ein ehemaliger Oberst des schwedischen Karl namens Gyldenstein hatte in der Lausitz ein Mädchen entführen wollen, dabei die Mutter desselben getötet und den Vater schwer verwundet. Er wurde, wieder unter Zulauf gewaltiger Volksmengen, auf dem Rabenstein um einen Kopf kürzer gemacht. Bald darauf brach im Zeughause ein schrecklich Feuer aus, welches vier Menschenleben verschlang und die kostbare Bibliothek des Grafen Wackerbarth, der all dort im Quartier, vernichtete. Die königlich preußische Majestät nebst Kronprinz, so zufällig in diesem Gebäude ihr Logis gehabt, retirierte zu ihrem Glück so schnell, daß die Flammen ihr nichts anhaben konnten. Kaum war der Schreck über dieses Geschehnis verwunden, als zwei Hiobsbotschaften vom angestammten Fürstenhaus die Gemüter in Trauer versetzten: Der König war in Bialystock, wo er Auerochsen gejagt, an einer Entzündung der großen rechten Zehe gefährlich erkrankt; da kalter Brand hinzugetreten, mußte die Zehe abgenommen werden. Die Königin Christiane Eberhardine war auf ihrem Schlosse Pretzsch, nachdem sie an vielen Molesten des Körpers und der Seele lange siech gelegen, aus der Zeitlichkeit in die Ewigkeit hinübergewechselt, was vor allem von den evangelischen Landeskindern bedauert wurde, hatte sich doch die fromme, durch seltene Mildtätigkeit ausgezeichnete Frau bis zuletzt zu ihrem lutherischen Glauben gehalten; sie war, alles in allem, eine rechte Kreuzträgerin gewesen.

Die wegen ihres Verscheidens verhängte Landestrauer von drei Monaten dauerte noch an, als sich nicht mehr verhehlen ließ, daß in der Stadt wieder einmal die furchtbare Seuche der schwarzen Pocken grassierte. Der den Dinglingerschen freundschaftlich verbundene Hofmechanikus und königliche Modellmeister Andreas Gärtner, welcher freilich bereits im dreiundsiebzigsten Jahre seines Lebens stand und ohnehin kränkelte, war eins ihrer ersten Opfer; der zweite Sohn der Witwe des Herrn Georg Friedrich Dinglinger drüben am Jüdenhof folgte ihm in Charons Nachen.

Schauerlich aber wirkte sich der Besuch aus, welchen die Seuche dem Haus an der Frauengasse abstattete. Hier starb nicht nur das kleine erste Söhnlein, welches Frau Maria Susanna dem Gatten geschenkt hatte, hier konnten auch die beiden Töchterchen, so selbigem Söhnlein gefolgt, nicht vor dem Schlimmsten bewahrt werden. Da nun aber gerade in diesen Sterbetagen ihrer Kinder die bedauernswerte liebe Frau wieder einem Knäblein das Leben gab, erhielt ihre bisher so treffliche Gesundheit einen derart verhängnisvollen Stoß, daß aus ihrem Wochenbett ein Seuchenbett ward und auch sie, so sehr ihr frischer Körper und ihr lebensfroher Sinn sich dagegen wehrten, dem Bluthusten erlag, der sich als bedenkliches Symptom in der vierten Krankheitswoche eingestellt hatte. Das war nun freilich ein grausamer Schlag für den Herrn Hofjuwelier, welcher mit ihr seine vierte Ehefrau verloren, und für uns alle. Das Haus schien plötzlich keine Stimme mehr zu haben; es war, als würde niemand von uns allen jemals wieder lachen können. Nachdem wir die Tote auf den böhmischen Friedhof gebracht hatten, schob der Herr Hofjuwelier in seinem Windfahnenzimmer hinter sich den Riegel zu und kam bis zum nächsten Morgen nicht mehr zum Vorschein. Das war noch nicht dagewesen.

Am nächsten Morgen jedoch entfaltete er eine geradezu fieberhafte Tätigkeit; er ließ anspannen und die gesamte Hausgemeinde, so von der Seuche noch nicht angeschlagen, nach Loschwitz bringen auf den Meierhof, welchen er dort unlängst käuflich erworben. Nur die alte Dorette, die älteste der Hausmägde, so manches Dinglingerkind hatte kommen und gehen sehen, verharrte am Krankenbett der Zwillinge, welche ebenfalls angesteckt worden waren. Sie genasen beide, Gott sei Dank; der Rudolf behielt nicht eine einzige Pockennarbe im Gesicht, während beim Heinrich bloß die Stirn ein wenig gesprenkelt blieb. Das neugeborene Knäblein, gänzlich unbeschädigt, war schnellstens bei einer ehemaligen Amme der Familie im Dorfe Löbtau in Pflege gegeben worden; es wurde später, als alles wieder in Ordnung gekommen, auf den Namen Gottfried getauft. Auch Herr Georg Christoph verharrte bei unserm Meister und mir in der Stadt mit den Gesellen; von diesen war nur einer eine Zeit krank gewesen, hatte sich aber inzwischen erholt. Bereits am nächsten Tag erschien Johanna Christina, die älteste der noch zu Hause lebenden Töchter – sie war mit einem Leipziger Buchhändler verlobt – wieder in der Frauengasse; die überaus Fleißige und Arbeitsame brachte es nicht über sich, die Wirtschaft im Stich zu lassen.

Mit ihr kehrte mein lieber Johann Friedrich zurück. Er drückte mir die Hand, als ich ihm Vorwürfe machte. „Vergiß nicht", sagte er, „daß ich im Zeichen des Stiers geboren bin wie der König. Uns kann keine Seuche was anhaben." „Auch er hat Morbona seinen Zoll zahlen müssen", entgegnete ich, „es hat ihn eine ganze große Zehe gekostet!" „Schilt mich nicht, Mauritius. Ich muß dem Vater helfen am ägyptischen Altar. Weißt du nicht, daß ich es bin, der die Hieroglyphen in den Obelisken ätzen darf? Die Gesellen machen es ihm nicht gut genug? Außerdem bring ich dir Grüße mit von deiner Regina."

Von meiner Regina, hatte er gesagt. Ja, nun muß ich mich wohl entschließen, ein paar Sätze auch über mein Verhältnis zu dieser allerlieblichsten Blüte der Dinglingerschen Familie niederzuschreiben. Um es gleich zu bekennen: Ich hatte sie dermaßen lieb gewonnen, daß der Gedanke an eine Zeit, in welcher ich nicht mehr in ihrer Nähe hätte leben dürfen, mir den heftigsten Schmerz bereitete. Nun waren die Schicksalsgöttinnen mir milde gesinnt gewesen: Die Seuche hatte das liebe Mädchen (wie alle älteren Kinder des Hauses) gnädig verschont, sodaß – vom Schlimmsten gar nicht zu reden –, auch die Gefahr vorübergegangen, daß sie Schmerzen hätte leiden müssen und daß etwa gar ihr holdes Angesicht durch Narben entstellt worden wäre. Lediglich das plötzliche vierfache Sterben im Haus hatte einen Schatten über ihr fröhliches Blühen geworfen. Aber der Schatten würde vergehn bald, bald vor der Gewißheit ihrer neunzehn Jahre; denn die Jugend streicht sich alles Widerwärtige wie Spinnweben aus der Stirn. Nein, nein, von dieser Seite her hatte mir meine Regina gewiß keine Sorgen gemacht, von dieser Seite her nicht.

Aber dennoch war mir durch sie in den letzten Monaten viel Bekümmerung geschehen. Allerdings ohne ihre Absicht; denn sie hatte ja keine Ahnung davon, daß ihr Lehrer, ihr Mentor, ihr Freund ihr mehr sein wollte als eben ein Freund. War er zudem nicht mehr denn zwei Dutzend Jahre älter als sie? Hatte ihre Jugend nicht nachgerade das volle Recht, sich zu anderer Jugend hingezogen zu fühlen, zu anderer, männlicher Jugend? Warum sträubt sich meine Feder so sonderbar, davon Bericht zu geben? War der junge Bildhauer Daniel Krebs nicht schön wie sie selbst im Schmuck seiner zwanzig Lenze? Hatte dieser begabteste Schüler und Mitarbeiter Balthasar Permosers nicht eine glänzende Zukunft vor sich? Erfreute er sich nach seiner aufsehenerregenden Marmorgruppe „Nymphe, von einem Faun verfolgt" nicht bereits der Gunst des Königs? Und stammte er nicht aus einem angesehenen Leipziger Kaufmannshaus? Freilich, freilich, aber war er nicht eben aus selbigem Haus schmählich verstoßen worden? Wegen zügelloser Ausschweifungen in Schauspieler- und Musikantenkreisen, sagten die einen. Wegen dauernder Schlägereien mit Studenten und Soldaten, sagten die andern. Wegen eines Duells mit einem Junker, das diesen beinahe das Leben gekostet, sagten die dritten. Und wenn das alles unhaltbare Gerüchte gewesen, trieb er es hier in der Residenz etwa besser? Sagte man ihm hier nicht nach, daß er in den verruchtesten Schänken die Nacht zum Tage mache und allbereits mehrmals früh betrunken auf der Gasse gelegen, daß er ein Randalierer und Besserwisser, welcher bei jeder Gelegenheit mit dem Messer fuchtle, daß er, ein schamloser Verführer, hinter jeder Schürze her sei?

In Permoserschen Missionen war dieser Daniel Krebs oft im Dinglingerhaus ein- und ausgegangen, und daß ihm allda Jungfrau Regina bei gelegentlichen

Begegnungen in die Augen gestochen, wer mochte das nicht verstehen? Wer konnte nicht begreifen, daß Regina, ohnehin für alles Schmucke und Außergewöhnliche leicht empfänglich, von seinen galanten Komplimenten keinen schlechten Eindruck empfangen, zumal der Herr Hofjuwelier den jungen Stutzer ein wenig begönnerte, nachdem desselbigen Meister ihn einigemale mächtig herausgestrichen? Und in der Tat: Wenn den jungen Mann die Arbeitswut befallen, soll er Wunderdinge vollbracht haben; aber eben immer nur eine Zeit, dann fand er's wieder im Luderleben behaglich.

 So mußte ich alsbald mit ansehen, wie meine Regina für unsern freundschaftlich vertrauten Umgang nicht mehr den früheren Eifer zeigte, ich mußte mit ansehen, wie sie dem Begehrlichen, der plötzlich überall in ihrer Nähe auftauchte, schöne Augen machte; ich mußte mit ansehen, wie sie Billette empfing und errötend las und wie sie eines Abends einer unsrer Bedienerinnen heimlich etwas zusteckte, was sich ganz gewiß bei näherer Betrachtung als ein Brieflein ausgewiesen hätte. Kurzum, ich mußte miterleben, wie sie immer mehr einer Gewalt verfiel, welche sie von uns fortzureißen drohte in einen Zustand, der mit Unheil enden mußte, wie sie einer Gewalt verfiel, welche durchaus saturnischen Ursprungs war. Aber was konnt' ich dagegen tun? Hatte ich, der ich lediglich ein Mitarbeiter des Herrn Hofjuweliers war, das Recht, mich hier einzumischen? Hatte ich, der ich soviel älter war, das Recht, Jugend von ihrem Drang zu Jugend abzuhalten? Oder aber hatte ich, den sein Gefühl hellhörig gemacht, nicht etwa gar die Pflicht, den Vater, welchen ich verehrte, und das Mädchen, welches ich liebte, zu warnen, solange noch Zeit dazu?

 Die sich überstürzenden Begebenheiten der letzten Monate, von denen ich erzählt, enthoben mich des Grübelns. Die Schicksalsgöttinnen meinten es auch hier gut mit mir; sie griffen selber ein; sie meinten es auch gut mit der Jungfrau Regina Dinglinger. Sie öffneten ihr die Augen, mit was für einem gefährlichen Abenteurer sie sich einzulassen im Begriff gewesen. Ich berichtete früher, daß auch nach der Hinrichtung des Priestermörders die Straßenrevolten nicht hatten aufhören wollen und daß die Randalierer sich anjetzt mehr aus lichtscheuen Existenzen und aus böswilligen Ruhestörern zusammensetzten. So wurde denn bald bekannt, daß sich unter den Tumultuanten der Daniel Krebs als wilder Rädelsführer besonders hervorgetan und daß er einer von denen war, die mit vollem Recht hatten verhaftet und im Baugefängnis in Ketten gelegt werden müssen. Wie sich nachher herausstellte, hatte er die allgemeine Verwirrung benutzen wollen, sich der Forderungen eines Schankwirts, bei dem er schwer in der Kreide, kaltblütig zu entledigen. Da der Schankwirt evangelisch, er selber aber katholisch, war es dem Krebs nicht schwergefallen, den Zwist der Konfessionen zum Vorwand zu nehmen, ein Rudel Saufgenossen und Beutelschneider gegen den Mann aufzuhetzen. Desselbigen ganze Wirtschaft, so vor dem Seetor gelegen, war demoliert worden; er selber, aus vielen Wunden blutend, hatte im Spital Unterkunft gefunden.

Von wem Jungfrau Regina diese Tatsachen erfuhr, weiß ich nicht. Jedenfalls zeigte sie sich bald wissend und ging tagelang mit blassen Wangen umher. Ich kann nicht sagen, wie leid es mir tat, ihre schönen dunklen Augen voller Tränen sehen zu müssen; es war aber auch – ich brauche es nicht zu leugnen – das Gefühl einer tiefen Genugtuung in mir darüber, daß sie uns und sich selber noch nicht verlorengegangen. Nymphe, von einem Faun verfolgt, mußte ich denken, verfolgt und im letzten Augenblick gerettet!

Mit dem Herrn Hofjuwelier sprach ich auch jetzt nicht über die Angelegenheit; es hätte mir wohl auch nicht angestanden, da ich in der Sache alles andre als unbefangen. Meiner lieben Regina suchte ich Trost zu bringen, soviel in meinen Kräften stand; vor allem suchte ich sie zu zerstreuen und abzulenken. Das Flötenspiel ihres anrüchigen Verehrers, welches zuweilen nachts vor dem Hause zu hören gewesen, – es hatte, um der Wahrheit die Ehre zu geben, nicht gar unüblich geklungen –, konnte ich ihr leider nicht ersetzen. Wohl aber brachte ich sie wieder dahin, daß sie sich den von mir verdeutschten Vergilius vorlesen ließ und daß sie sich mit mir wie früher ans Schachbrett setzte; ich ließ sie gewinnen, wo es, ohne Verdacht zu erregen, sich machen ließ. Ich geleitete sie zu den französischen Komödianten, so in einem auf dem Neumarkt bei der Moritzstraße aufgebauten Theater Tragödien des illustren Racine agierten. Ich begleitete sie hinaus nach Loschwitz in den Meierhof, welchen sie seit ihrem ersten Besuch in der Zeit der schwarzen Blattern lieb gewonnen, und half ihr die Hühner und Gänse füttern. Als was für eine holde Gärtnerin entpuppte sie sich hier! Ich war an ihrer Seite, als es in der Residenz wieder einmal in allen Gassen wimmelte, diesmal aber nicht in Zorn und Haß, sondern in Freude; denn es wurde drei Tage nacheinander die Tatsache gefeiert, daß der König, von seiner schlimmen Krankheit genesen, aus Polen zurückgekehrt war, allerdings nicht zu Pferde, sondern in einer extra zu diesem Zweck erbauten wohlgepolsterten Karosse. Abends waren an vielen Häusern die Fenster illuminiert, und manche Bürger hatten sogar Spruchtafeln, von hinten beleuchtet, über der Tür anbringen lassen, so der Hofschuster Streitwiese in der Scheffelgasse, dessen Transparent sich also vernehmen ließ:

Ach, sollt' mein Wunsch das himmelhohe Glück erbeten, / daß meines Königs Fuß kann wieder in die Stiefel treten!

Als sie die Meinung des geschäftstüchtigen Mannes begriffen, lachte meine Regina zum erstenmal wieder ein wenig. Bei Herrn Streitwiese werde ich künftig arbeiten lassen!

Noch erfreulicher war unser gemeinsamer Gang in den Türkischen Garten, wohin ganz Dresden wallfahrtete, um ein Wunder der Göttin Flora zu betrachten. Die aus Afrika eingeführte kostbare Aloë, von der erzählt wird, daß sie innerhalb von hundert Jahren nur einmal blühe, hatte wundersame Blumen ausgestellt. Als Regina in aufschießender Gärtnerinnenfreude mir davor stürmisch die Hand drückte, tat sich auch in mir so etwas wie eine Kelchtraube mit blaßroten, grünlich gestreiften Blättern auf, ein Kelch der Hoffnung, es möchte mir vielleicht doch noch ein heißer Herzenswunsch erfüllt werden. So setze ich denn an den Schluß dieses Berichts ein paar zuversichtliche Verse des neumodischen Poeten Johann Christian Günther aus Striegau, so mir im Gedächtnis hängen geblieben:

Einmal blüht die Aloë,
einmal trägt der Palmbaum Früchte,
einmal schwindet Furcht und Weh,
einmal wird der Schmerz zunichte,
einmal naht das Freudental,
einmal, einmal kommt einmal.

VI
DER STEIN DER WEISEN

Zum letztenmal berichtet der Geheime Hofsekretarius Moritz Rüger: Wie hat uns der geflügelte Saturn mit Stundenglas und Hippe wieder zu schaffen gemacht! Zwar hatte sich der Herr Hofjuwelier in seiner Unverwüstlichkeit auf einer neuerlichen Fahrt in seine süddeutsche Heimat abermals einer jungen Ehegefährtin versichert, der Jungfrau Maria Sibylla Biermann, der Tochter eines Augsburger Apothekers. Jedoch war ihm diese fünfte Gemahlin bereits nach einem einzigen glücklich verlebten Jahr der Gemeinschaft durch den Tod wieder entrissen worden, nachdem selbiger bereits vorher unheimlich mit der Sense gewinkt. Da war aus London die Nachricht gekommen, daß der Sohn Moritz Konrad, welcher sich dortzulande als Maler sein Brot hatte verdienen wollen, bald nach der Ankunft im Lazarett seinen Geist aufgegeben. Frau Maria Sibylla starb am Kindbettfieber, das Knäblein, welches sie unserm Meister freudig geboren, mit ihr. Dieweil aber der Sensenschwinger ohne Mitleid und zu jeder Stunde eigensinnig auf den Ruhm seines Handwerks erpicht, fällte er im selben Zeitraum auch noch den zweiten Bruder des Herrn Hofjuweliers, den Herrn Georg Christoph. Derselbe verschied plötzlich an einem Schlagfluß im sechzigsten Jahr seines arbeitsreichen Lebens und hinterließ eine fassungslose Witwe, die sich am liebsten mit in den Sarg gelegt hätte, befand sich doch unter ihren acht Kindern ein schweres „Hauskreuz", eine Tochter, deren Geist ganz und gar verwirrt. So mußten wir betroffen Hinterbliebenen uns nun bemühen, dem so hart Geschlagenen die Wolken des Trübsinns von der Stirn zu scheuchen. Vor allem durfte er, meiner Meinung nach, die Einsamkeit, so um ihn entstanden, nicht allzusehr zu verspüren bekommen; ein neuer Ring der Liebe und Freundschaft mußte sich um ihn schließen. Es war draußen im Meierhof, all wo er sich zur Zeit lieber aufhielt als im Haus an der Frauengasse, wo ihn Erinnerung allzu hart bedrängte. Hier im Meierhof hatte er von einem Mitarbeiter des seligen Hofmechanikus die künstliche Fahne aus Metall, welche sowohl über wie unter dem Dach in einem Zimmer Wind und Wetter anzeigte, ebenfalls anbringen lassen. Das Werk mit allem, was dazu gehörte, war eben fertig geworden.

Ich und Regina, deren Neigung ich durch die Gunst der Götter endlich hatte gewinnen dürfen, hatten ihn hinaus begleitet. Auf der Fahrt war sein Blick ein paarmal nachdenklich auf uns beiden haften geblieben. Mir schien, während Regina drunten im Garten ihre Blumen besah, die Gelegenheit günstig, dem Herrn Hofjuwelier zu bekennen, was mir im Hinblick auf seine Tochter am Herzen lag; meine Beförderung zum Geheimen Sekretarius, so in den letzten Tagen erfolgt, machte mir sonderlich Mut dazu.

Wir standen gerade unter der Windrose, welche er auch hier an die Decke hatte malen lassen, als ich mich ihm eröffnete. Er sah mich ungemein freundlich an. Dann wies er mit seiner großen Hand nach oben. Ein Spruch zog sich hier, anders als in der Stadt, im Kreis um die Strahlen der Rose:

Ost oder West, Süd oder Nord,
ein treues Herz der beste Hort

„Ich weiß meiner Tochter", sagte er, „über die weder eine Mutter, noch eine mütterliche Freundin mehr wacht, nichts Besseres zu wünschen als ein treues Herz, auf das sie sich verlassen kann." Meinen Hinweis auf den Unterschied der Jahre warf er mit der ihm eigentümlichen Armbewegung ganz beiseite. „Sehen Sie mich an", sagte er trübe, „meine jungen Frauen sind dahin, meine Brüder und viele meiner Kinder sind dahin, und ich Alter bin noch da. Es ist gut, wenn sich in einer Familie die Lücken schließen. Seien Sie mir als Sohn willkommen!" Dem folgte ein Händedruck, den ich heute noch zu spüren glaube. Dann wurde Regina gerufen. Trotz dem Saturn mit der Sense, was für glückliche Leute waren wir!

Aus unserm Tusculum in Loschwitz vertrieb uns erst eine Jagd, welche die Hofgesellschaft auf der Elbe zu genießen sich bemüßigt sah. Zu solch einer Wasserjagd wurde das Wild aus der oberhalb des Meierhofes gelegenen Heide tagelang vorher zusammengetrieben und dann einen schmalen Hohlweg, welcher unmittelbar an der Mauer des Grundstücks hin steil abfiel, dem Wasser zugehetzt. Unten saßen Schützen und Schützinnen bequem am Ufer oder in Kähnen und knallten es ab. Zuzusehen, wie eine der armen Kreaturen nach der anderen, angstvoll schwimmend, in den Wellen versank, war uns allen durchaus zuwider. Permoser konnte bei Erwähnung solcher Jagden, welche mehrmals im Jahre, am häufigsten in Moritzburg, gehalten wurden, geradezu rasend werden.

In der Stadt verehrte ich meiner lieben Braut als Verlobungsgeschenk ein Paar „Kapuzinerchen", als da sind Täßchen aus Böttgers erstem braunem Porzellan, so für extraordinäre Seltenheiten gelten. Der Herr Hofjuwelier hängte ihr ein Kettchen um aus blauen Türkisen, von ihm selber kunstvoll gefaßt, die Fassungen wie ovale Blüten. „Türkis", sagte er lächelnd, „der Stein der jungen Mädchen! Beschützt die Tugend, erfüllt Wünsche und macht angenehm bei Göttern und Menschen".

Jede seiner Töchter hatte in ihren Verlobungstagen von ihm ein solch Kettchen erhalten, aber nicht jeder mochte er es mit so freundlichen Worten ausgehändigt haben. Regina war eben auch sein Liebling. Zu einer leisen Genugtuung gereichte es uns, zu sehen, daß unser Glück ihn dann und wann ein wenig auf freundlichere Gedanken brachte. Ihn im Innersten aufzuheitern, bedurfte es aber ganz anderer Mittel. Arbeit, Arbeit war, wie ich aus Erfahrung wußte, bei ihm das vorzüglichste. Da er sich zur völligen Fertigstellung des ägyptischen Altars immer nicht entschließen konnte und da ein großer Auftrag des Königs, welcher die Hingabe aller Kräfte gelohnt hätte, zur Zeit nicht vorlag, zerbrach ich mir lange den Kopf, womit wohl bei ihm ein Sturm neuen Schaffensdranges zu entfesseln sei.

Schließlich besann ich mich, wie sehr auch ihn von jeher alles, was mit dem sogenannten Stein der Weisen zusammenhing, angezogen. Der Stein der Weisen, lapis philosophorum! Wie gern hatte er eine Zeitlang jede Gelegenheit ergriffen, etwas Genaueres über dieses geheimnisvolle Kleinod zu erfahren! Zwar, daß es imstande, die Menschen zu verjüngen, das war ihm nie glaubhaft erschienen. Aber die Gabe, Metalle zu verändern und womöglich Gold zu erzeugen, Gold, welches roter und feiner als das natürliche, die hatte er ihm wohl zugetraut; das hatte er für möglich gehalten, wie es der König, der Statthalter, wie es der gelehrte Herr von Tschirnhaus für möglich hielten. Erst durch die Böttgersche Affäre waren ihm Zweifel gekommen, und mit der klaren Einsicht in die Dinge, so das Älterwerden nach sich zieht, und mit den Erfahrungen seines Berufes wollte sich der Glaube an die Möglichkeit, Gold zu machen, nicht mehr recht vereinbaren lassen. Daß aber Menschen für selbigen Glauben ihr Leben, ja ihre Seele und ihre Seligkeit eingesegt, das war's, worauf er immer wieder einmal zu sprechen kam und was ihn stets wieder sichtlich bewegte. Wie wäre es, spekulierte ich, wenn man ihn dahinbrächte, ein umfassend Wissen um die Steine und die Metalle zusammen mit einer unvergleichlichen Kunst irgendwie an ein Werk zu wenden, welches den uralten Glauben an den Stein der Weisen verherrlichte?

Merkwürdigerweise kam mir der Herr Hofjuwelier auf diesem Wege geradezu entgegen. An einem Abend fragte er mich, ob ich ihm einige neue Bücher über Chemie und Astrologie verschaffen könnte (die älteren Schriften hatte er meist gelesen) und was ich wohl von einem Tafelaufsatz dächte, auf welchem der unglückliche Böttger und andere Adepten zu sehen seien. Ich war schnell dabei, ihm die gewünschten Schriften in Aussicht zu stellen und meine Teilnahme an einem Kunstgebilde der angedeuteten Art zu bekunden. So ist es gekommen, daß unser Meister sich wieder einer großen Arbeit in die Arme geworfen und daß er ganz und gar des Trostes teilhaftig geworden, welchen die ausschließliche Hingabe an ein notwendig Werk verleiht.

Es entstand in tage- und nächtelangem Bemühen alsbald die geheimnisvollste seiner Schöpfungen, ein riesig Kabinettstück, welches er als „Berg der Weisheit", auch wohl als „chemischen Parnaß" bezeichnete. Da es mehr denn je sich als notwendig erwies, diesem Werke eine gedruckte Erläuterung beizugeben, durfte ich wieder meine Feder im Dienste des Dinglingerschen Ruhmes rühren; item darf ich mich berufen fühlen, davon auch diesen Blättern eine Beschreibung einzufügen: Der „mons sapientiae", der „Berg der Weisheit" bestand in einem halbmannshohen silbernen Felsengipfel, aus dem mit Eckpfeilern, Mauern, Toren und Türmen ein Kastell herauswuchs. Selbiges staffelte sich mit verschiedenen Vorhöfen und Mauerkränzen kunstvoll zu einer Zinne empor, die von einer Kugel des Planetensystems bekrönt ward. Von selbiger Sphära umschlossen, hatte man sich den

Stein der Weisen zu denken. Was diesem Kastell nun eigentlich Wert und Tiefsinn gab, waren die Figuren, Statuen, Schilder und sonstigen Symbola, welche der Künstler in geradezu sinnverwirrender Weise über die verschiedensten Lokalitäten desselben verteilt, und die Pretiosen, mit welchen er sie schmückte. Die Sphära, aus drei mit den schönsten Diamanten besetzten Zirkeln gebildet, war aus purem Silber, die oberste Zinne des Kastells aus zwölf großen Chrysoliten. Das Kastell selbst baute sich aus lauter fürtrefflich spielenden Jaspissen auf. Als Eingang desselben öffnete sich ein von Diamanten auf Rubinfolie gelegtes, mit Amethysten ausgeschlagenes Portal. Um dieses Hauptkastell herum lief ein Vorhof aus silbernem Fels, welcher von einer mit vier Pfeilern versehenen und von vortrefflicher Perlen-Mutter herrlich ausgesetzten zweiten Mauer umgeben war, an welcher die Brillantenzieraten keineswegs gespart worden.

An den obgedachten vier Pfeilern bemerkte man die vier Jahreszeiten vorgestellt, Frühling, Sommer, Herbst und Winter in ovalen, künstlich emaillierten, mit Diamanten rund herum besetzten Schildern, oben darauf aber folgende hieroglyphische Figuren, ebenfalls künstlich emailliert: Zwei sich ineinander verbeißende güldene Hunde, durch welche die Diskrepanz einiger sich gegenseitig zerfressender Erd-Metalle bezeichnet werden soll, einen Salamander aus Gold, berufen, die hermetische Feuerkunst anzudeuten, einen Adler, der einen anderen Raubvogel zerreißt, als welcher den Widerstreit der Lüfte zu erläutern hat, und ein gülden Brunnenhäuslein, aus dem in Sturz und Fall ein silbern Wässerlein geronnen kommt, sämtlich also Anspielungen auf die vier Elemente. Die Sinnbilder der Elemente selber aber sollen auf vier silbernen Nebenfelsen, so ihr Postament darstellen, ihren Platz haben, nämlich vier mythologische Figuren aus Elfenbein. Kein Geringerer als Meister Permoser wird sie nach stattgehabten lärmvollen Konferenzen beisteuern. Seine Fußwanderung nach Rom ist seinen fünfundsiebzig Jahren nicht gar gut bekommen; er hinkt seitdem auf dem linken Bein, und sein Geist fährt nicht mehr so toll und widerspruchsvoll umher wie vordem. Die Idee des Weisheitsberges gefällt ihm, wenn schon er sich im Einzelnen vieles anders wünscht. Auch Meister Pöppelmann, der, seit unser Meister nur noch selten das Tabakskollegium beim Traiteur Nettel besucht, verschiedenemal dagewesen, hat mit seinem Beifall nicht zurückgehalten. Er lobte die Architektur des Ganzen, hatte aber im Einzelnen noch mehr auszusetzen als der bärtige Balthasar; vor allem schien ihm schon jetzt zuviel Kleinwerk vorhanden, das er für entbehrlich hielt.

Der Herr Hofjuwelier hört sich dergleichen Einwände stets ruhig an, erwägt sie wohl auch hinter seiner breiten Stirn; von der einmal eingeschlagenen Methode aber, so nun eben seine Methode, läßt er sich nur in Ausnahmefällen abbringen. „Und der Zweck der vielen Arbeit?", fragte Pöppelmann bei einer anderen Gelegenheit, als Permoser zufällig mit zugegen war. „Soll auch dieser Berg der Weisheit die königliche Tafel schmücken?" „Dorthin gehört lediglich ein Berg der Narrheit", spottete Permoser, „oder noch besser eine große Pastete, aus der Fröhlich mit seinem dicken Bauch heraussteigt." (Der Fröhlich, das war der bei der Orzelska überaus beliebte Hofnarr, ein Bayer, welcher jeden Tag in Spitzhut und Lederhose zum Schloß ritt, obwohl ihm neunundneunzig Narrenkleider zur Verfügung standen.) „Ich hab die Sache aus eigenem Antrieb angefangen und werde sie auch nach meinem Gusto vollenden", sagte unser Meister. „Ihren Zweck trägt sie in sich." „Dann werden wenige davon Gewinn haben", meinte der Oberlandbaumeister nachdenklich und schob seine gepflegte Hand an der schwarzen Ebenholzplatte hin, welche das Kabinettstück trug, gleichsam, als wollte er prüfen, ob es fest genug gegründet sei. Es lastete schwer und unverrückbar.

„Der Dinglinger will die Kunst durchaus zu einem Weibsbild machen, das sich immer nur selber bespiegelt", grinste Permoser und kratzte sich, den zahnlosen Mund verzogen, die behaarte Wange. „Die Herren wissen, wer Benvenuto Cellini war?", fragte der Herr Hofjuwelier in aller Ruhe. „Der Florentiner Goldschmied, der den Perseus gemacht hat?" Den großartigen Perseus, der in Florenz öffentlich aufgestellt worden? Wer kennt den nicht? Die bei den anderen zeigten sich im Bilde. „Der Goldschmied aller Goldschmiede, unsrer Zunft allerhöchster Obermeister", sagte Herr Dinglinger, Verehrung in der Stimme. „Derselbe hat für den König Franz von Frankreich ein Salzfaß gemacht, ein Salzfaß aus purem Gold, es hat den Ruhm Europas gewonnen. Was meinen die Herren, welches wohl die letzte Bestimmung von Cellinis Salzfaß ist." „Nun, um Salz hineinzutun für eine erlauchte Tafel?" „Und erlauchten Pfeffer!", lachte Permoser. „Nein, sondern um den Göttern zu gefallen und den Menschen in hundert Jahren noch Freude zu machen!", sagte unser Meister, und ich mußte an mich halten, um ihm nicht Beifall zu klatschen. Das Gespräch schien mir endgültig abgeschlossen und der Gegenstand geklärt. Pöppelmann schien auch meiner Meinung. Permoser aber konnte sich eine giftige Anmerkung nicht verkneifen: „Jawohl", blinzelte er, „falls das Salzfaß inzwischen nicht eingeschmolzen worden."

Als die beiden gegangen, sah ihnen der Herr Hofjuwelier nicht ohne eine gewisse Betretenheit nach, und die Falte furchte seine Stirn. „Permosers Marmorbilder und Pöppelmanns Bauten kann freilich niemand einschmelzen. Meine Stücke sind gebrechlicher", ließ er sich vernehmen. „Aber sie werden trotzdem dauern, sie werden sich aus ihrem Kunstwert behaupten", sagte ich und erinnerte daran, daß Cellinis Salzfaß doch wohl schon zweihundert Jahre alt wäre und daß von den empfindlichen chinesischen Porzellanen drüben in der Pretiosenkammer einige mehr als tausend Jahre hinter sich hätten. „Wollen wir's der Zukunft anvertraun", nickte er und schlug mich auf die Schulter, daß ich einen Augenblick glauben mußte, sie wäre gebrochen. Er hatte allem Anschein nach seine alte Zuversicht wieder. Das wurde in der Folgezeit bestätigt durch sein unablässig Schaffen am Berg der Weisheit. Durch besonders eigenartige Inventionen zeichnete sich dieses Werk auch weiterhin aus. Den Aufgang zu dem obbemeldeten Kastell bildeten am Fuß des Gebirges neun breite, silbervergoldete Stufen. Auf selbigen Stufen – das hatte von Anfang an in des Künstlers Plan gelegen – sollten etliche Figuren zu dem ersten der diamantenen Tore vordringen gleichsam als Personifikationen des menschlichen Verlangens nach dem oben in der Weltkugel deponierten Stein der Weisen, Alchimisten, Astrologen, Philosophen. Wen aber ließen die Skizzen, welche der Meister neuerdings angefertigt, erkennen? Niemand anderen als in Tracht und Gestalt von vier eifrig bemühten Weisheitssuchern ihn selber, den Permoser, den Pöppelmann und den Goldmacher Böttger. Das war nun freilich ein süperber Einfall! Nachdem die Figuren nach und nach in Gold gearbeitet und mit Email überschmolzen, wurden sie vor dem Eingang des Kastells folgendermaßen gruppiert: Die untersten Stufen der Treppe eilte in beschwingtem Lauf ein Adept empor, welcher in einer Mulde allerhand Edelsteine und Erzstücke trug, er zeigte des Meisters stattlichen Habitus und desselbigen unverkennbare Züge. Auf der dritten Stufe, auf der links und rechts wie Bausteine etliche ziemlich große Opale lagen, stand, Zirkel und Winkelmaß in der Hand, ein Adept, dessen Antlitz bei Erblickung des oben sich öffnenden Portals heftige Freude merken ließ: in ihm war ohne weiteres der Herr Oberlandbaumeister zu erkennen. Ein dritter Adept kauerte auf der fünften Stufe neben einer Feuerkluft und stellte nicht ohne Humor einen Melancholicus dar, welcher sich mit der Rechten den Kopf kratzte und die Linke auf einen Blasebalg stützte; zerbrochene Schmelztiegel und Brennkolben zu seinen Füßen deuteten an, daß ihm seine Arbeit mußte mißlungen sein: Böttger. Der vierte Adept endlich hatte die oberste Stufe erreicht und neigte sich daselbst tief vor einer goldenen, mit Smaragden behängten Göttin, in der, dieweil sie mit vielen Brüsten prangte, ohne weiteres die Große Mutter Natur, auch Cybele oder Ceres genannt, zu erkennen. Da dieser Mann als einziger von den vieren einen Bart trug und unter Beschwerden des Alters zu leiden schien, war ohne Mühe ersichtlich, wessen Konterfei es darstellte. Den leidenschaftlichen Permoser, den empfindlichen, hatte die schwäbische Klugheit des Verfertigers bereits bis an die Pforte gelangen lassen, sich selber dagegen hatte seine Bescheidenheit als Untersten und Letzten platziert.

Alle vier Adepten aber – und damit schien er mir wieder einmal einer Sache durchaus das rechte Maß gegeben zu haben –, zeigten sich einander verwandt und ebenbürtig in dem Aufwärtsstreben nach einem Ziel, welches fern und zweifelhaft über dem höchsten Zinnenkranz lockte.

Als der behaarte Balthasar die bestellten Elfenbeinfiguren persönlich ablieferte, sah er die Szene nicht ohne Wohlgefallen und ganz und gar ohne Neigung zu Spott und giftigen Reden; er machte selbigen Tages den Eindruck eines von Schmerzen geplagten Mannes. „Dicht vor die Pforte hat er mich gebracht, der Dinglinger", murmelte er wehmütig, „dicht vor die Pforte; aber ich werde die Kraft nicht haben, höher zu klettern". Trotzdem vollendete er in dieser Zeit noch zwei herrliche mannshohe Männergestalten aus Holz; nachdenklich stimmte nur, daß es plötzlich keine griechisch-römischen Götter und Göttinnen mehr waren, sondern Apostelgestalten in bischöflichem Schmuck, wie die katholische Kirche sie liebt. Auch wußte die ganze Stadt, daß er bereits seinen Sarg fertiggestellt und daß er an einer riesigen Kreuzabnahme aus Sandstein arbeitete, welche nach seinem Willen sein eigen Grabmal werden sollte. Der Aufgabe, unsern Parnaß mit Verkörperungen der vier Elemente zu schmücken, hatte er sich, wie nicht anders zu erwarten, auf die vollkommenste Weise entledigt, ja er hatte mit selbigen Figuren seinem Ruhm als Elfenbeinschnitzer geradezu ein neues Lorbeerblatt zugefügt. Die Erde ward durch einen neben einem Löwen stehenden Bacchus versinnbildlicht, das Wasser durch eine Amphitrite, welche auf einem Delphin ritt, die Luft durch Juno im flatternden Schleier, das Feuer durch Jupiter selbst, an dessen Füßen sich ein Salamander rieb.

Es war eine Lust, zu sehen, wie fürtrefflich sich die Figuren alsbald dem Ganzen einfügten und wie der Berg der Weisheit durch dieselben, soweit selbiges überhaupt möglich, noch an symbolischem Gehalt gewann. Jedenfalls wurden sie einem Werk eingegliedert, welches nicht nur einen von Geheimnissen bekrönten Gipfel darstellte, sondern auch einem Gipfel der Goldschmiedekunst überhaupt gleichkam.

Nach Vollendung dieser denkwürdigen Arbeit hatte unser Meister, soweit das von einem Außenstehenden beurteilt werden kann, sein inneres Gleichgewicht ganz und gar wiedergefunden, eine stille Heiterkeit überglänzte sein Wesen, und wenn er zuweilen mit dem jüngsten Kind des Hauses spielte, dem Fritzel der Frau Maria Susanna, welches er sehr liebte, konnte sogar seine alte verschmitzte Bubenhaftigkeit ein wenig wieder zum Vorschein kommen. In die große Werkstatt unten kam er immer seltener. Selbiger Werkstatt stand jetzt seit dem Tode Meister Georg Christophs sein Ältester, mein lieber Freund und zukünftiger Schwager Johann Friedrich, trotz seiner noch jungen Jahre mit Ernst und Umsicht vor. Er war mit besonderem Eifer um die vollständige Fertigstellung des ägyptischen Altars bemüht, zu dessen fremdartiger Gelahrtheit er nun einmal eine ausschließliche Zuneigung gefaßt.

Der Herr Hofjuwelier hielt sich jetzt am liebsten in seiner Windfahnenstube auf, all wo er sich mit Pinzette und Feile ganz besonders diffizilen Arbeiten hingab. Das Tabakskollegium besuchte er überhaupt nicht mehr, wohl aber blies er daheim dicke Wolken aus langen holländischen Tonpfeifen, sodaß zuweilen der ganze Raum wie in Nebel schwamm. Die Schnupftabaksdose ließ er eben falls nicht aus der Übung kommen, sie lag meist griffbereit auf dem Tisch mit der Eichenplatte neben den unterschiedlichsten Haufen köstlicher Steine.

Da ward mir, seit er mich in die Familie aufgenommen, nun oft die Freude, auf dem Stuhl dicht am Werkplatz sitzen zu dürfen, auf demselben Stuhl, allwo unser Augustus oft stundenlang gesessen, um der Geschicklichkeit seines ersten Goldschmieds zuzusehen. Auch Regina, welche vor allen Schwestern von Anfang an ein sonderlich Gusto zu der Kunst ihres Vaters an den Tag gelegt, war nicht selten mit zugegen. Was für wunderbare Facettenspiele durften wir da bewundern! Was für rätselhafte Dinge aus dem Geheimleben der Erde erfuhren wir! Da der Fürst der antiken Naturforscher, Aristoteles, nur vier Elemente zu Hauptelementen ernannt, wollte man Jahrhunderte lang auch nur vier Edelsteine von höchster Qualität gelten lassen: Der Rubin stellte das Feuer vor, der Smaragd die Erde, der Saphir das Wasser, der Diamant die Luft. Rubinen aus dem „blutigen, doch mutigen" Pegu, allwo die Asiatische Banise spielt, galten achtfach den Wert des Diamanten, Smaragde aus den peruanischen Bergwerken Westindiens und Saphire von Calecut und Cananor standen ebenfalls in höherem Preise als jener. Aber das Königreich Golkonda, welches sich mit Diamanten schmückte wie weiland die Königin von Saba, blieb trotzdem das Traum- und Zauberland, über welchem in vergessenen Zeiten ein Gestirn geplatzt, sodaß ein Brillantenregen zur Erde niedergegangen. Und was für geheimnisvolle Kräfte wohnten den Steinen inne: Der Rubin macht gefeit gegen Anfechtungen, auch ist er ein treuer Warner; droht seinem Herrn Gefahr, so verdunkelt er sich. Das blaue milde Licht des Saphirs macht das Herz friedfertig und hält von der Seele Haß und Rachsucht fern; so ist dieser Stein früh schon beim geistlichen Stande hochbegehrt gewesen. Der Smaragd dagegen ist sonderlich den Seeleuten teuer, schimmert er doch in grüner Unergründlichkeit wie die Meeresflut; er kräftigt zudem das Augenlicht, stärkt das Gedächtnis und schützt vor dem Geifer böser Zungen.

Aber damit war die Pracht des irdischen Geschmeides, von Gold und Silber gar nicht zu reden, noch lange nicht erschöpft. Da war der Granat, nach der roten Frucht des Granatbaums so getauft, welcher seinem Träger auf Reisen Schutz verleiht, da war der Amethyst, der Stein der Vernunft, der vor Rausch und Trunkenheit bewahrt, da war der Aquamarin, der Erhöher des Mutes, und sein Bruder, der klare Beryll, nach dessen Durchsichtigkeit die Brillen ihren Namen empfangen; da war der viel umstrittene, vielfach gleißende Opal, der Topas, so in Gelb und Blau zu finden, der Hyazinth, der Chrysolit, der Chrysopras, der Karneol und wie sie alle benannt sind, schimmernde Blumen des Erdenschoßes, aus unvergänglichem Stoff gemacht, funkelnde Geschwister der Sterne, aus schwarzer Tiefe gehoben. „Blutstropfen der Magna Mater, der Mutter Natur, erkaltet, erhärtet, verdunkelt, erbleicht in Jahrtausenden", sagte der Herr Hofjuwelier. Worauf meine verständige Regina, an ihrem Halskettlein zupfend, versetzte: „Darum hab ich auch immer gedacht, meine Türkisen hier wären durchzogen mit kleinen Äderlein, in denen Blut fließt".

„Brauneisenstein, mit dem sie durchsetzt", nickte der Vater. „Durch den Schliff kommt bei den meisten Steinen erst der wahre Charakter zum Vorschein".

„Hat man schon immer verstanden, sie zu schleifen?" fragte ich. „Mich dünkt, das ist eine große und schwere Kunst". „Das will ich meinen. Ehe die Kunst des Schleifens erfunden, wurden die Steine und Kristalle, wie sie gewachsen, poliert. Dabei mögen die alten Goldschmiede manchen Schweißtropfen verloren haben". „Blutstropfen, Schweißtropfen, Regentropfen", scherzte Regina; denn über uns raschelte die Windfahne und draußen wusch ein Unwetter die Scheiben.

Was für merkwürdige Stunden waren das, jene Stunden, in welchen sich der Herr Hofjuwelier auftat wie einer seiner Schreine, drin nichts als Kostbarkeiten aufgestapelt! Einmal hatten wir zusehen dürfen, wie er einen besonders schönen Smaragd in Feingold faßte. Warum in Feingold? Weil der Smaragd keinen starken Druck verträgt und Feingold ein wenig nachgibt. Ein andermal ließ er uns erleben, wie vor dem Lötrohr ein glühend gemachter Rubin plötzlich seine Farbe verlor und beim Erkalten grünlich anlief, sodaß wir erschraken. Als der Stein nach und nach wieder zu sich gekommen, sagte er lächelnd: „So haben die Steine und die Erze ihre Launen wie die Menschen, und ein richtiger Goldschmied muß mehr als fünf Sinne haben, wenn er ihnen auf ihre Schliche kommen will". Bei solchen Gelegenheiten durften wir erfahren: Der Diamant ist trotz seiner Härte leicht zu spalten; das Spalten aber ist eine Kunst für sich. Mit dem Feuer wollen viele Steine nichts zu tun haben, manche sind ein wenig lichtscheu. Und gar erst die Perlen, die im Alter Runzeln und Risse bekommen und den Glanz verlieren! Genau wie die Menschen!

„Aber Steine, Metalle, Perlen sind um alles in der Welt nicht tot", sagte der Meister, „sie leben und reden eine sublime Sprache; es muß einer nur ihren Dialekt verstehen. Ein kundiger Goldschmied muß also auch ein kundiger Philologus sein". „Wie froh bin ich", rief meine Regina stolz, „daß der Herr Vater ein Goldschmied ist!" „Jawohl", sagte er, und der Sohn der alten freien Reichsstadt in ihm reckte sich noch einen Zoll höher, „ein Goldschmied hat ein Wappen und eine

Krone, die trägt er unsichtbar mit sich herum". Aber schon meldete sich in ihm seine große Bescheidenheit, denn er setzte hinzu: „Mein Vater war ein Messerschmied, was immer ein edel Handwerk gewesen, und meine Mutter war eine Goldschmiedstochter, auch war ich wie meine lieben Brüder bei tüchtigen Goldschmieden in der Lehre, so ist das alles nicht weiter verwunderlich". „Und der Johann Friedrich?" Wie froh war ich, daß ich das anmerken durfte! „Bei wem war der in der Lehre? Es ist sichtlich dafür gesorgt, daß das edle Handwerk seinen Adel behält!" „Wir wollen es hoffen", sagte er schlicht. Aber er sah uns an mit Augen, welche einen Glanz hatten wie seine edelsten Steine.

Ich mußte, obwohl die hohe Kunst diesmal nicht mit einer Silbe erwähnt worden, an Permosers verwegenes Wort denken: „Einer ist König, einer ist Künstler, das ist genau dasselbe!" Ich hatte das stolze Wort, als ich noch ein Knabe, zuerst von meiner lieben Mutter gehört. Was für ein Sonntagskind war ich doch, daß mich mein Schicksal gewürdigt, bisher im Wirkungskreis dieses stolzen Wortes leben zu können! Wie dankbar mußte ich meiner Zeit sein, daß solch stolze Worte unter ihrem Silberschild gesprochen und gelebt werden durften! Noch nie wie in dieser Stunde hatte ich so deutlich gespürt, in was für einer überschwänglichen, kraftstrotzenden Epoche wir unser Wesen trieben!

Dafür lieferte auch unser Augustus wieder einmal einen seiner pompösen Beweise. Obwohl er seine vollständige Gesundheit noch nicht wieder erlangt – immer wieder einmal brach die Wunde an seiner Zehe auf – hatte er es sich nicht nehmen lassen, den eingefallenen Besuch der preußischen Majestät, so ihren ältesten Sohn zur Seite, durch ein noch nie dagewesenes militärisches Schauspiel zu feiern. Dabei hatte er es nicht nur aus freundnachbarlichen, sondern auch aus politischen Gründen für zweckmäßig gehalten, dem sogenannten „Soldatenkönig", mit welchem er in mancherlei Hinsicht rivalisierte, die gesamte sächsische Armee vorzuführen. Selbige bestand aus nicht weniger denn dreißigtausend Mann. Dreißigtausend aufs beste equipierte und wohldressierte Mann Fußvolk, Reiterei und Artillerie sollten auf freiem Feld ihre Künste im Exerzieren, Attackieren und Defendieren zeigen!

Allein schon den geeigneten Platz für eine so ungeheuerliche Attraktion zu beschaffen, war ein Kunststück gewesen; aber für den Willen dieses maßlosen Potentaten gab es eben keine Schwierigkeiten. Er hatte kurzerhand bei dem Dorf Zelthain an der Elbe, der Stadt Riesa schräg gegenüber, Acker und Wald von einigen Schock Bauern gegen Entgelt mieten, und durch fünfhundert Tagelöhner und zweihundertfünfzig Bergleute einebnen beziehungsweise abholzen lassen. Hier kampierte auf einem Raum von drei gevierten Meilen in endlosen Zeltreihen die Armee, hier wurde sie wochenlang gespeist und getränkt und während der eigentlichen Manövertage in fürstlicher Weise bewirtet. Dazu bedurfte es unter anderem achtzig gebratener polnischer Ochsen. Jedem Soldaten war ein hölzerner Teller mit dem sächsisch-polnischen Wappen ausgehändigt worden; selbige Teller hatte man im Erzgebirge extra zu diesem Zweck herstellen und in langen Wagenzügen herbeitransportieren lassen. Außer einem Stück Rinderbraten auf seinem Teller bekam jeder Gamaschenträger ein Brot, zwei Maß Bier und zwei Maß Wein, die Getränke wohlweislich nicht an einem Tage. Außerdem war aus achtzehn Scheffeln Mehl, zweihundert Schock Eiern, drei Tonnen Milch, einer Tonne Hefe und zwei Tonnen Butter ein Riesenkuchen gebacken worden, welcher sechzehn Ellen in die Länge, sechs Ellen in die Breite maß und eine halbe Elle dick war.

Einige handfeste Pioniere zersäbelten ihn mit langen Messern. Daß sich um die Stücke nicht nur die Soldaten, sondern auch die Zuschauer rissen, kann man sich leicht vorstellen. Nach dieser opulenten Abspeisung marschierten die einzelnen Regimenter, die Kavallerie abgesessen, in genau berechneter Breite nach dem Strom, wo sie am Ufer ihre Aufstellung nahmen. Statt Gewehr und Pallasch trug jeder Mann seinen Teller in der Hand. Nachdem die Damen und Ehrengäste ihre Plätze auf gegenüberliegenden Tribünen eingenommen, ertönte als ausgemachtes Kommando ein Kanonenschuß. Und was geschah? Im selben Augenblick wirbelten dreißigtausend hölzerne Teller in hohem Bogen durch die Luft und klatschten auf das Wasser. Die Bewohner der elbabwärts gelegenen Dörfer und Städte mögen nicht schlecht gestaunt haben, als die unübersehbare Tellerflotte angeschwommen kam. Caprice eines überschwänglichen, Gebärde einer maßlosen, ihre Grenzen sprengenden Zeit!

Natürlich waren auch Regina und ich mit den übrigen Dinglingerschen unter den Tausenden gewesen, welche an dem militärischen Schauspiel teilnahmen. Der Herr Hofjuwelier hatte für uns alle anspannen lassen. Er selber sowie Permoser waren vom Herrn Oberlandbaumeister, welcher draußen in Zeithain als eine Art Platzmajor fungierte, persönlich eingeladen worden. Permoser, der krank zu Bett gelegen, hatte dem Boten wütend die Tür gewiesen: Auch wenn er gesund wär', hätt' er für die allerhöchsten Soldatenspielereien keine Zeit!

Der Herr Hofjuwelier war in der von Pöppelmann geschickten Karosse, in welcher die Frau Oberlandbaumeisterin abgeholt worden, mit hinausgefahren. Auf dem Marsfeld schien er sich verkühlt zu haben, (es hatte Wind und einige Regenschauer gegeben). Er kehrte heim mit dem Gefühl einer Unpäßlichkeit, wie seine urgesunde Natur nie eine gekannt. Da er offensichtlich starkes Fieber hatte, wollte seine Familie einen Doktor von nebenan rufen. Nachdem er sich selbiges energisch verbeten, ließ er sich wenigstens überreden, einen Tag das Bett zu hüten und Melissentee zu trinken. Unvergeßlich in seinem Gesicht das ungeheure Erstaunen darüber, daß auch er einmal krank sein könnte. Schon am nächsten Morgen war er wieder auf den Beinen und arbeitete den Vormittag wie sonst in seiner Stube. Am Nachmittag fuhr er nach dem Meierhof und blieb draußen über Nacht; er kam frisch und munter wieder, sodaß in der Folgezeit nichts im Wege stand, die längst anberaumte Vermählung seiner mit dem Leipziger Buchhändler Friedt verlobten Tochter Christina auszurichten.

Bald darauf feierte er, ganz der Alte, mit uns am zweiten Weihnachtstag seinen sechsundsechzigsten Geburtstag. Bei selbiger Gelegenheit kam ans Tageslicht, daß er allbereits drei Dutzend Jahre in Dresden wohnhaft und in wettinischen Diensten. Nicht ohne Behagen erzählte er auch einiges von seinen Wanderfahrten und aus seiner Kinderzeit. Paris, ein Museum der Kunst und ein Lusthaus der Verschwendung! Augsburg und Nürnberg, aller Goldschmiede altberühmte Heimatstätten! Biberach, Tummelplatz kindlicher Freuden, welche nie wiederkommen! Um den Turm der Stadtkirche kreisten ständig Dohlenschwärme; einmal zu den Dohlennestern hinaufklettern zu dürfen, war einer der ersten heißen Bubenwünsche gewesen! In der Riß draußen in den Wiesen, wo früher die Biber gehaust, war großes Gewimmel von Krebsen; beim nächtlichen Krebsfang mit Fackeln war man in einem Gumpen beinahe ertrunken. Und das Schützenfest im Juli, welches immer zugleich ein jubelnd Kinderfest war! Und die Christkindelstunde im Spitalhof! Bedauerlich nur, daß Weihnachten einem Buben, so am 26. Dezember geboren, den Geburtstag aus der Liste der Festtage strich!

Hatte die Geburtstagsfeier mir den Herrn Hofjuwelier, meinen zukünftigen verehrten Schwiegervater, menschlich ziemlich nahegebracht, so ging mir aus der nun zu berichtenden Begebenheit erst das richtige Licht über die Qualität seines Charakters auf.

    Die Carnevalsvergnügungen des Hofes hatten die Stadt wieder einmal auf den Kopf gestellt. Alle Welt war gelaufen, den Schlittenfahrten und Maskenzügen zuzusehen. Von der alten Dorette war auf sein Drängen auch unser Fritzel mitgenommen worden in den Tumult der Straßen, obwohl er arge Zahnschmerzen hatte. Als sie mit ihm am Abend heimkehrte, zeigte sich bei dem Kleinen eine dicke Geschwulst am Backen. Jetzt, nachdem es nichts mehr zu sehen gab, fühlte er plötzlich die heftigsten Schmerzen. Er kriegte einen Wickel aus Wolle um den Kopf. Als am nächsten Morgen das halbe Gesicht verschwollen und die Schmerzen noch quälender, wurde der alte Bader Engelhardt vom Neumarkt geholt, derselbe, der sonst unsern Herrn rasierte. Engelhardt strich etwas auf und ließ mit allerhand Essenzen gurgeln, vermochte die Pein aber nur unmerklich zu lindern. Wir alle fühlten Fritzels Schmerzen mit. Der Herr Hofjuwelier blieb fast eine Stunde lang am Bett seines Jüngsten sitzen, um ihn zu trösten. Als anderntags das ganze Haus mit dem Bader zürnte, daß er unsern Kleinen noch immer nicht von seiner Pein befreit, erklärte derselbe, da müsse er eben unterhalb der rechten Wange einen Schnitt machen, damit der Eiter, so sich angesammelt, sich entferne. Ob selbiges sehr weh täte, wollten wir wissen; denn der Kleine, unser aller Verzug, sollte von uns aus nicht noch mehr leiden. „Nicht mehr als nötig!", brummte der alte Militärchirurgus und kramte aus seiner Allerweltstasche ein Messer aus. Plötzlich sagte der Herr Hofjuwelier, er möchte noch einen Augenblick verziehen und ging aus dem Zimmer. Als er nach einer Weile wieder eintrat, hatte er ein klein blitzend Messerlein in der Hand. Das gab er dem Bader, sprechend: „Mit dem wird's nicht sehr weh tun". Was sollte das besagen? Er hatte eins seiner Messerlein aus arabischem Stahl soeben draußen so scharf geschliffen, daß es aller Voraussicht nach schneiden würde wie Gift. Was auch geschah; denn der Bader war verständig genug, es zu benützen. Im Nu war alles vorüber. Der Fritzel war der schlimmsten Schmerzen ledig. Wir atmeten auf. „Ist's nicht gut, daß ich der Sohn eines Messerschmieds bin?", lachte der Herr Hofjuwelier.

Das war übrigens das letztemal, daß ich ihn so befreit lachen hörte. In den letzten Februartagen bedrückten ihn die Nachrichten, die vom Krankenlager Permosers kamen; es ging dem Bildhauer, welcher fieberisch phantasierte, schlechter und schlechter. Der Sarg mit dem Totenkopf, welchen derselbe sich selber zubereitet, wollte keinem von uns aus dem Sinn. Am 1. März ging der Meister mit mir, die neuen italienischen Gemälde zu besehen, die zur Vervollständigung der königlichen Galerie angekommen und öffentlich ausgestellt worden: Eine ruhende Venus von dem Venetianer Palma Vecchio entzückte ihn besonders. Am 2. und 3. des Monats malte ihn der Hofmaler Manyoki, und es gelang der Geschicklichkeit des jungen Ungarn meiner Empfindung nach aus der Maßen, einen sinnenden, sozusagen abgeklärten Ausdruck festzuhalten, so in den letzten Jahren das Antlitz unseres Meisters mehr und mehr beherrscht. In der Hand hielt er auf diesem Bild nicht das „Bad der Diana", sondern einen Griffel, als wollt' er etwas, vielleicht ein neues Gebilde seiner unerschöpflichen Phantasie, skizzieren.

Am 4. März überraschte ihn der Hofrat Marperger, sein ehemaliger Genosse aus dem „Tabakskollegium", durch eine fürtreffliche Sendung: Ein Bruchstück mit goldhellen, fast ins Weißliche fallenden Topasen aus dem sächsischen Vogtland und drei große, reine Perlen, so in demselben Landesteil zwischen Adorf und Plauen aus dem Elsterfluß gefischt worden. Auf einem beiliegenden Zettelchen hatte der gelehrte Freund scherzhaft bemerkt, es gebe, wie das Beispiel lehre, nicht nur ein asiatisches und amerikanisches Indien, sondern auch ein kursächsisches. Der Herr Hofjuwelier wog die sinnige Gabe immer wieder in der Muschel seiner großen Hand. Am Tag darauf eröffnete er mir mit Eifer seine Absicht, die Topase in jene Ringe einzulassen, welche Regina und ich als Eheringe tragen sollten; sei derselbe Topas doch im Tierkreis dem Zeichen der Jungfrau unterstellt und verheiße derselbe Glück für Mann und Weib. Daß Perlen, wie der Volksmund meine, Tränen bedeuteten, glaube er nicht; er wolle die drei Stücke aus Kursächsisch-Indien für alle Fälle aber lieber in eigenem Gewahrsam halten. Ich nahm diese Bezeugungen zartester Fürsorge mit tiefer Freude hin und war begierig, meine liebe Braut an solcher Freude teilnehmen zu lassen.

Wie konnte ich auch nur im entferntesten ahnen, daß selbiges die letzten Worte waren, so der verehrte Mann zu mir sprach. Als ich am nächsten Vormittag in der zehnten Stunde zu ihm ins Zimmer trat, hatte sein Geist das Zimmer bereits verlassen. Ein Herzschlag hatte seinem Leben unversehens ein Ende gemacht. Saturn hatte die Sense gezückt, aber es hatte nicht weh getan, so scharf war die Sense geschliffen gewesen gleich einem Dinglingerschen Messerchen. Ruhsam und gelassen, wie er gelebt, war der Meister gestorben; die heitere Ebenmäßigkeit, die bei allem Tatendrang den Kern seines Wesens bestritten, hatte ihn auch im Tode nicht verlassen. Keine Muskel seines großen Gesichts war schmerzhaft verzogen, die Hände lagen ruhig auf den gepolsterten Lehnen seines Stuhls. Der joviale Glanz auf seiner Stirn hatte Saturnus bis zuletzt im Banne gehalten. Dieser Eindruck war so stark, daß er auch uns im Bann hielt, ja uns geradezu tröstete. Wir schämten uns zwar unserer Tränen nicht, aber wir umstanden ihn mit dem sicheren Gefühl, die Fahrt in Charons Nachen über den Acheron sei für ihn keine Seufzerfahrt gewesen.

Wie ein alter ehrbarer Handwerksmeister, der guten Gewissens Feierabend gemacht, so saß er da. Wahrlich, wie ein alter ehrbarer Handwerker aus dem Kern des Volkes! Und plötzlich kam mir in den Sinn, daß hiermit geradezu etwas Sinnbildliches gesagt sei: Der Landesfürst frönte seiner Prunksucht spät und früh, die wilde Jagd seiner Vergnügungen stob über seine Gaue und stahl dem Gott der Zeit den Tag und die Nacht, der Hof überschlug sich in kraftvergeudendem Übermut, die Assembleen, Redouten, Ringelrennen, Schlittenfahrten verschlangen Millionen, und wenn auch das Geld im Lande blieb und die Taler unter die Leute kamen und rollten, so war doch weder Ordnung noch Bestand in dem Treiben, so lief doch der ganze Mummenschanz, so großartig er sich gebärdete, im Grund auf Taumel, Rausch und Sittenverderbnis hinaus. Kein Wunder, daß die Adligen in der Provinz, die Offiziere, die reichen Bürger ihren Ehrgeiz dransetzten, es den Höheren möglichst gleichzutun. Ein tolles Bacchanal tobte jahraus, jahrein um die Krone, wie gewitterschwere Wolken zuweilen um den Himmel jagen. Darunter aber lenkte der Bauer seinen Pflug, der Fuhrmann seine Pferde, darunter mahlte der Müller, buk der Bäcker, töpferte der Töpfer, schrieb der Schreiber, darunter ließen Handel und Wandel sich nicht beirren und das Handwerk ging von morgens bis abends seiner Bestimmung nach. Darunter plagte sich das, was Volk genannt wird, im Schweiße seines Angesichts und tat sechs Werktage seine Pflicht, wie es den siebenten Tag, den Sonntag, so gut es selbiges verstand, heiligte. Was aber vollbrachte das Volk damit? Es erhielt Gesundheit und Lebenskraft des Landes; es sicherte die Fortdauer des Staates, es vertrat den heiligen Ernst der Arbeit, der allem irdischen Tun den letzten Sinn verleiht und der Menschheit ihre Würde.

Das alles aber schien mir plötzlich das stummgefaßte, feierabendlich verklärte Antlitz des toten Meisters im gepolsterten Stuhl zu verbürgen; er verkörperte mir plötzlich das arbeitende Volk, auf dem die Hoffnung der Zukunft liegt, er versinnbildlichte mir plötzlich das gute Gewissen der Menschheit. Und nun war es mir nicht mehr verwunderlich, daß seine Züge auch im Tode fast so etwas wie Heiterkeit ausstrahlten; war es doch, als fehlte seinen Lippen nur noch ein allerletztes kleines Wörtlein des Zuspruchs, dann lächelten sie. Wie bevorzugt war ich, Reginens Trauer mit dem Bericht seiner letzten Sorge, so uns beiden gegolten, lindern zu können! Wie erhebend war die Tatsache, auch die Übrigen stärken zu können mit dem Hinweis, daß in Hunderten von Jahren seine Werke noch von ihm zeugen würden. Und wie stolz machte mich die Erinnerung, daß ich diesem seinem Werk zu dienen vor vielen andern erwählt gewesen. Diesem Werk auch künftig ein treuer Diener, ein Wächter und ein Verkünder zu sein, gelobte ich mir in dieser Stunde.

Und plötzlich stieg etwas wie eine warme Welle in mir empor, eine große kristallene Kugel schien im hellen Märzlicht, so durchs Fenster fiel, plötzlich auf mich zuzurollen: Dinglinger und sein Glück, so sollte das Zeugnis heißen, welches ich fürs erste von ihm und seiner Kunst geben wollte. Indem ich selbiges dachte, fühlte ich überschwänglich, wie sehr sein Glück nun auch das meinige geworden. Die Schicksalsgöttinnen würden mir das nicht als Anmaßung zurechnen, nein, nein, die Schicksalsgöttinnen hätten von Anfang an sein Glück gewollt und die Bestimmung ihm auferlegt, daß er anderen Erdgeborenen Glück bringen sollte. Hätten sie ihn sonst, zwei Tage vor seinem Tod, noch auf eine so sanfte Weise gestreichelt, daß sogar das Land, welchem er, ein Landfremder, mehr als die Hälfte seiner Jahre gedient, sich aufmachen durfte, ihn mit seinen kostbarsten Schätzen, mit Juwelen und Perlen zu grüßen? Die kristallene Kugel, welche auf mich zugerollt, war ein Symbol im kosmischen Spiel, das begriff ich. Ich will dieselbe künftig auch für mich und mein Vorhaben als Sinnbild ansprechen.

An des Meisters Bahre standen fünf Söhne und sechs Töchter. Am 10. März geleiteten wir ihn zu seiner letzten Ruhestätte auf dem böhmischen Friedhof, wo bereits seine fünf Frauen und vierzehn seiner Kinder schliefen. Der Hof war in Warschau, Pöppelmann irgendwo in Polen, Permoser kämpfte selber mit dem Tode. So waren es nur vierzehn Karossen, so seinem Sarg folgten. Aber der Rat der Stadt war sich bewußt gewesen, daß ein Außerordentlicher seiner Bürger dahingeschieden, er billigte ihm eine Beisetzung zu, wie sie auf Grund strenger Vorschriften sonst nur für Mitglieder des Adels und höhere Militärpersonen zulässig; er ließ seinen Körper zwischen zwölf Leuchtertischen in weißen Atlas betten und gegen Abend unter Fackelbeleuchtung hinausbringen zum Grabe. Auf dem Gottesacker zwitscherten in ihren Nestern die Frühlingsvögel. Als wir in unserm offenen Wagen nach Hause fuhren, sang in der Nähe des Pirnaischen Tores die Kurrende der Kreuzschüler. Ich machte Regina leise darauf aufmerksam. Die kleinen schwarzen Dreimaster in den schwarzen Mäntelchen sangen, wahrscheinlich in Anbetracht des nahenden Osterfestes: „Der Tod ist verschlungen in den Sieg".

Wie bei der ruhigen Umsicht des Verstorbenen nicht anders zu erwarten, war ein nach dem Ableben der letzten Gattin zu Papier gebrachtes Testament vorhanden. Es vermachte den Hinterbliebenen an Geld und Gut ein Vermögen im Werte von nicht weniger denn hundertvierundzwanzigtausend Talern. Im Einzelnen war es treulich darum bemüht, keinen der Erben zu kurz kommen zu lassen. Das Haus mit allen „Künsten" auf dem Dach sollte dem ältesten Sohn Johann Friedrich, obwohl er noch unverehelicht, gehören, dazu die Werkstatt mit sämtlichem Werkzeug, Patronen von Blei, Waagen und Gewichten, das Muschelkabinett und der Schrank der Naturalien. Die Bibliothek möge solange in seiner Verwahrung bleiben, bis seine Brüder herangewachsen. Schließlich gehöre auch der Delphinenring, der Dinglingersche Ehering, in seine, des ältesten Sohnes, Hände. Die „Mädchen" sollten haben den ganzen übrigen Schmuck und zwar dergestalt, daß die drei ältesten ihre tausend Taler, so für zwei Söhne zum Reisegeld von ihrer seligen Mutter Anteil abgezogen worden, wiederbekämen; der Rest sei durch sechs zu dividieren. Den drei jüngsten Söhnen müsse wöchentlich je ein halber Taler gezahlt werden, auch seien für jeden zweihundert Taler zu Kleidung und zur Erlernung einer Profession auszusetzen. Die Porträts der seligen Ehefrauen hätten in den Besitz der jeweiligen Kinder überzugehen, das Porträt der Gutermannin, der vierten Frau, solle das Fritzel haben. Gold, Silber, Zinn, Kupfer, Messing, Eisen, alle Juwelen und alles Geld sei gewissenhaft zu teilen und zwar so, daß Kinder, so ihr Mütterliches noch nicht empfangen, besonders berücksichtigt, auch die väterlichen tausend Taler zur Hochzeit ihnen nicht vorenthalten würden. Schließlich waren auch die Familien seiner Brüder durch Legate bedacht. So umfaßte die Liebe des Verschiedenen noch einmal alle Blutsverwandten wie ein ausgestreckter Arm, der Gefahr und Übel zu scheuchen sucht.

Als ich nach Ablauf der Trauermonate meine geliebte Regina in mein durch den Tod meiner Eltern verwaistes eigenes Haus überführte, nahm ich nicht ohne Wehmut Abschied von den fünf schmalen Stockwerken (den Dachgarten mitgerechnet) an der Frauengasse, darin ich soviel erleben durfte. Die Ringe mit den Topasen hatte übrigens im Geiste des Vaters der Johann Friedrich für uns geschmiedet. Nun ich außerhalb stehe und zurückdenke, kommt es mir zuweilen vor, als umziehe ein mystischer Schleier das Gebäude, welches von der ganzen Stadt nicht mit Unrecht noch immer als geheimnisvolle Kuriosität betrachtet wird, und seltsame Monogramme, Hieroglyphen und rätselhafte Embleme seien in selbigen Schleier gewoben, alle zwölf kleinen Zeichen des Tierkreises, welcher der

Zeit befiehlt, und alle vier großen Zeichen der Elemente, über welchen Zeit und Raum zusammenwachsen. Bin ich, ein im Zeichen des Widders Geborener, dort nicht dem Widder, dem Goldenen Vließ, den Äpfeln der Hesperiden, dem Stein der Weisen begegnet? Hat der im Stier ins Leben getretene Augustus nicht seinen Schatten groß über das Haus geworfen, drin aus Gold und Juwelen einem ägyptischen Apisstier ein Altar erstand? Sind nicht Löwen, Skorpione, Steinböcke, aus erlauchtestem Material gebildet, in jenen Räumen lebendig gewesen? Haben nicht goldene Fische, sprudelnde Wassermänner, pfeilbewehrte Schützen drin ihr Wesen getrieben? Und, nachdem der Krebs der Widerwärtigkeiten überwunden (von einem menschlichen Umriß dieses Namens gar nicht zu reden), bin ich nicht im Siegel der Jungfrau von diesem Haus gesegnet worden wie einer, dem unversehens eine schöne Nymphe aus einem Baume tritt? Noch unverkennbarer aber das Zeichenspiel der vier ewigen Elemente um das Haus, das so ganz ohne Beispiel: Treibt oben auf seinem Dach und darunter in seinem geweihtesten Zimmer nicht die Luft ein bedeutsam Spiel mit einer Wetterfahne? Rieselt's da oben nicht von Quellen und Kaskaden und rauscht das Wasser nicht durch alle Stockwerke, wie Blut durch den menschlichen Körper getrieben wird zu seinem Heil? Ist das Feuer nicht heimisch in seinen Werkstätten und sprüht es nicht aus dem kunstvollen Schliff der Diamanten, der Rubine und Saphire? Ist das ganze Gebäude nicht geradezu emporgeblüht aus den geheimnisvollsten Schätzen der Erde, aus Metallen, Edelsteinen, Muscheln, Korallen, Rhinozeroshörnern, Straußeneiern wie ein Naturreich, das sich seine eigenen Gesetze gibt? Ja, und setzt sich aus all dem nicht das Wesen des ungewöhnlichen Mannes zusammen, der hier dem Feuer, dem Wasser, der Luft und den Schätzen der Erde befahl, um eben dieser Erde und den Menschen, welche sie bewohnen, den Abglanz unverbrüchlicher Schönheit zu bringen in Gestalt der Kunst, die den überirdischen gefällt und den Irdischen das Leben ein wenig leichter macht?

    Von einer überschwänglichen Zeit habe ich ein paar Lebensäußerungen festhalten, ein paar Atemzüge erhaschen dürfen. Von überschwänglichen Gestalten, so diese Zeit aus sich herausgeboren, habe ich berichten dürfen, insonderheit von einer, welche sich eine Krone aus Gold und edlen Steinen selbst gezaubert. Sollte das zuweilen in allzu überschwänglichen Worten geschehen sein, mögen das die Ehrfurcht und die Liebe entschuldigen, so mich mit dieser Gestalt verbunden. Im übrigen merke ich selber, daß es an der Zeit, aus mystischen Schleiern und mythologischem Gewölk auf die feste Erde zurückzukehren.

    Sieh da, meine geliebte Ehefrau Regina sieht, seit sie die Trauerkleider abgelegt, wie ein neues, schöneres Wesen aus. Sie ist, wie ich inzwischen wahrgenommen, in manchem ganz die Tochter ihres Vaters, nur fehlt ihr, was sich bei ihrer Jugend wohl erklärt, noch alles zu seiner Gelassenheit, dafür schäumt sie leicht über aus Schwung und Fülle, und über alles schenkt sie gern.

    Sollte sie mir, sollten uns die Götter einen Sohn schenken, so soll er Johann Melchior heißen.

Bildnachweis

Die farbigen Abbildungen der für dieses Buch ausgewählten Kunstwerke Johann Melchior Dinglingers und das farbige Porträt auf Seite 13 stammen alle aus dem Grünen Gewölbe, Staatliche Kunstsammlungen Dresden; Fotos: Jürgen Karpinski.

Erinnerungstafel, Seite 15; Blumenkorb, Seite 27; Fotos: Achim Zepp

Ein besonderer Dank für seine Mithilfe geht an Hanspeter Ihle vom Museum Biberach.